LES COMBATTANTES DU RING

Brigade mondaine N° 277

ABONNEMENTS – RÉABONNEMENTS

Je souhaite m'abonner aux collections suivantes
Merci de préciser le numéro à partir duquel vous le souhaitez

☐ BLADE, du N°…
1 an – 6 numéros 40,56 €

☐ L'EXÉCUTEUR, du N°.. .
1 an – 10 numéros 72,38 €

☐ BRIGADE MOND. du N°…
1 an – 11 numéros 74,36 €

☐ HANK, du N°…
1 an – 6 numéros 40,56 €

☐ LE CELTE, du N°…
1 an – 6 numéros 40,56 €

☐ POLICE DES MŒURS, du N°…
1 an – 6 numéros 40,56 €

☐ SAS du N°…
1 an – 4 numéros 31,56 €

frais de port (par vol = 1,25 €) et remise 5 % inclus dans ces tarifs
port Europe (par vol = 3,50 €)

TOTAL GdV =...

TOTAL GECEP =...€

PAIEMENT PAR CHÈQUE À
GECEP
15, CHEMIN DES COURTILLES
92600 ASNIÈRES
TÉL. 01 47 98 31 58

PAIEMENT PAR CHÈQUE À
ÉDITIONS GÉRARD DE VILLIERS
14, RUE LÉONCE REYNAUD
75116 PARIS
TÉL. 01 40 70 95 57

Nom:...Prénom.................................

Adresse..

....

Code postal..................Ville...

BRIGADE MONDAINE : Je souhaite recevoir :

– le catalogue général

– les volumes cochés ci-dessous au prix de 5,80 € l'unité, soit :

N°..

....livres à 5,80 , = €

+ frais de port = €

(1 vol. : 1,25 €, 1 à 3 vol. : 3,50 €, 4 vol et plus : 5 €)

TOTAL.....................(ajouter à TOTAL abonnements)....... ..... =...............€

N° TITRE

13 LA CROISIÈRE INTERDITE
14 LE HAREM DE MARRAKECH
15 LA MAISON DES MAUDITES
16 LA PERMISSION DE MINUIT
17 LES CAPRICES DE VANESSA
18 LA VIPÈRE DES CARAÏBES
19 LE VOYOU DE MONTPARNASSE
20 LES FILLES DE MONSEIGNEUR
21 LA NUIT ARABE DE MONACO
22 LA FERMIÈRE DU VICOMTE
23 LA PUNITION DE L'AMBASSADEUR
24 LA SECTE DES AMAZONES
25 LES SIRÈNES DE L'AUTOROUTE
26 LE BOUDDHA VIVANT
27 LA PLANCHETTE BULGARE
28 LE PRISONNIER DE BEAUBOURG
29 LES ESCLAVES DE LA NUIT
30 LES POUPÉES CHINOISES
31 LES SACRIFIÉS DU SOLEIL
32 L'EXÉCUTRICE
212 L'ENLÈVEMENT DES SABINES
213 LA NUIT DU TOP MODEL
214 LA MADONE DES CHANTIERS
215 LES SERVANTES D'APHRODITE
217 LA DOUBLE VIE DU PATRON
218 LA FORTERESSE DES VOLUPTÉS
219 L'ALCHIMISTE DU DÉSIR
220 LES TROPHÉES DU GUERRIER
221 LES VEUVES NOIRES DU GOLF
222 LE SWING DE LA COMTESSE NOIRE
223 LA JUSTICIÈRE DE STRASBOURG
224 LES COULISSES DU POUVOIR
225 LA MUSE DU PEINTRE FOU
226 LE FANTASME DU MANNEQUIN
227 LA FÉE DES SANS-LOGIS
228 LA THALASSO DU PLAISIR
229 LE PURGATOIRE DES ANGES DÉCHUS
230 LES GLADIATEURS DE MESSALINE
231 SOURICIÈRE POUR UNE CALL-GIRL
232 L'AUTOROUTE DU CYBERSEXE
233 PIÈGE À FILLES AU MONT VENTOUX

N° TITRE

234 LE FANTASME DU VIOLONCELLE
235 HÔTESSE SPÉCIALE POUR JET PRIVÉ
236 LE MAUVAIS ANGE DE SYDNEY
237 LA FAUSSE PISTE DE COURCHEVEL
238 LA VIERGE GOTHIQUE
239 LE CLUB DES ÉNARQUES
240 LES PENSIONNAIRES DU PARADIS
241 L'ÉQUIPÉE SAUVAGE
242 FILLES PERDUES EN ALASKA
243 LA PRINCESSE DU NÉANDERTHAL
244 LE JEU DU CÉLIBATAIRE
245 LA SPÉCIALITÉ DU CHEF
246 LES VOYEURS DU WEB
247 LE LABYRINTHE DES KIDNAPPÉES
248 LA REINE DES DOMINATRICES
249 LA CLINIQUE DU PRINCE CHARMANT
250 LA PREMIÈRE DE LA CLASSE
252 LES PILULES D'AMOUR
253 JUMEAUX ET JUMELLES
255 DRESSEES ET REBELLES
256 LE DÉSHONNEUR DU JUGE
257 NUIT CHAUDE À BARCELONE
258 LE FANTASME DU BALLON OVALE
259 LES JEUX DU DIVIN MARQUIS
260 LA STAR DU X
261 PERVERSIONS QUÉBÉCOISES
262 LES FLAMMES DE L'AMOUR
263 LA ROSIÈRE DE BAGATELLE
264 LE LION DE VENISE
265 LA VENGEANCE DE L'INFIRME
266 LA FILLE DU FEU
267 POLONAISE SUR CHARBONS ARDENTS
268 LA GAZELLE AU PIEGE
269 AU BONHEUR DES HOMMES
270 LE CHEMIN DES ECOLIERES
271 LE PREDATEUR DE LA HAUTE BANQUE
272 PRINCESSE VAUDOU
273 VÉNUS BOTTÉE
274 L'AMANT DE GLACE
275 TRAQUENARD POUR FEMMES SEULES
276 LE VICE DANS LA PUB

Les dossiers Brigade Mondaine de cette collection sont fondés sur des éléments absolument authentiques. Toutefois, pour les révéler au public, nous avons dû modifier les notions de temps et de lieu ainsi que les noms des personnages ;

Par conséquent, toute ressemblance avec des personnes existantes ou ayant existé serait totalement involontaire et ne relèverait que du hasard...

ISBN : 978-2-7443-1325-7

MICHEL BRICE

BRIGADE MONDAINE

LES COMBATTANTES DU RING

VAUVENARGUES

Chapitre premier

La sueur des combattantes, la fumée des cigares et des cigarettes, les parfums dont les femmes s'étaient aspergées : tout cela formait une odeur entêtante, unique, lourde, écœurante, presque palpable tant elle était épaisse. L'odeur que connaissaient et aimaient tous les familiers du ring.

Mais, ici, il s'y mêlait une autre odeur, inattendue, étrange, qui aurait sans doute beaucoup étonné un véritable amateur de boxe ou de catch.

Un délicieux parfum de chocolat chaud.

Qui émanait du ring même, trônant au milieu de la grande pièce carrée, dépourvue de toute fenêtre, située au sous-sol d'une vaste demeure bourgeoise datant du milieu du XIXe siècle, édifiée au centre d'un vaste parc, à l'écart d'un village de la vallée de la Bièvre : la campagne à un quart d'heure de Paris, le rêve.

Mais, pour le moment, la vingtaine de personnes – deux tiers d'hommes pour un tiers de femmes à peu près – massées autour du ring se fichaient éperdument du côté bucolique de la propriété où elles se trouvaient rassemblées. Et où elles avaient payé le prix fort pour être admises.

À l'intérieur de la triple rangée de cordes, le premier combat de catch féminin de la soirée venait de se terminer. Valéria, la brune à cheveux courts, nantie d'une paire de seins ressemblant à des obus, avait effectué un « tombé » impeccable sur la personne de Cindy, une blonde athlétique qui avait pour particularité de toujours se présenter sur le ring la poitrine à l'air. Agenouillé sur la toile de sol, Robert, l'arbitre, avait frappé trois fois du plat de la main sur le sol, et Valéria avait été déclarée vainqueur.

Demeurée un peu à l'écart, Corinne Joyon regarda les deux catcheuses professionnelles, sorties du ring depuis quelques minutes déjà, se mêler au public qui les applaudissait.

Parmi la vingtaine de personnes présentes, certaines avaient pris place dans les confortables fauteuils mis à leur disposition, mais d'autres préféraient rester debout, afin de mieux voir ce qui se passait sur le ring.

Le ring : c'est la première chose qui avait surpris Corinne, lorsqu'elle avait pénétré dans la grande salle, quelques heures plus tôt, guidée par Marceau Sainpère, dit Le Boîteux. Il était beaucoup moins surélevé qu'un ring réglementaire, à peine plus d'une vingtaine de centimètres au-dessus du sol recouvert de parquet synthétique. De plus, il était comme évidé et formait une sorte de cuvette carrée et plate, avec quatre bords obliques, évasés vers l'extérieur.

– C'est pour les combats « mouillés », lui avait brièvement expliqué le Boîteux, de sa voix étrangement fluette par rapport à sa silhouette massive et musculeuse.

Corinne Joyon avait compris ce qui se cachait derrière l'adjectif « mouillé ». Marceau Sainpère faisait allusion aux combats de catch féminin se déroulant, au choix, dans l'eau, l'huile ou la boue.

Voire dans le chocolat, comme ça allait être le cas pour elle, dans quelques minutes.

Car les deux hommes chargés de cette besogne venaient justement de la terminer. Venus de l'une des caves voisines, poussant devant eux deux gros chaudrons montés sur un support à roulettes, ils en avaient versé le contenu sur la toile même du ring.

Des dizaines de litres de chocolat crémeux, épais, onctueux, encore légèrement fumant, répandant dans toute la vaste pièce une odeur irrésistible – en tout cas pour les personnes aimant le chocolat, ce qui était le cas de Corinne Joyon.

La jeune femme sursauta légèrement lorsqu'une main douce se posa sur son épaule. Elle se retourna et se retrouva face à une grande fille brune, aux cheveux noués sur la nuque, très maquillée, nantie d'une poitrine gigantesque et d'une croupe de jument poulinière : un appel au sexe à l'état brut. D'autant qu'elle n'était vêtue en tout et pour tout que d'un minuscule string et d'un micro soutien-gorge suffisant à peine à cacher les larges aréoles grenat de ses seins. Les deux étaient bleu ciel et parsemés de paillettes d'argent.

À côté d'elle, Corinne Joyon se sentit soudain petite et fluette, presque misérable, malgré son mètre soixante-douze et ses soixante-quatre kilos, dont une bonne partie en muscles.

Elle se dit qu'elles allaient former un assez joli contraste, Cindy (c'est ainsi que la brune prétendait s'appeler) et elle, dans quelques minutes, lorsqu'elles grimperaient ensemble sur le ring pour s'y affronter.

Corinne avait un visage assez étroit, au teint pâle, aux lèvres fines, surmonté d'une chevelure blonde coupée court et illuminé par deux larges yeux d'un bleu très clair. Bien que parfaitement musclé, son corps paraissait plutôt frêle, sans doute en raison de ses seins menus, de ses petites fesses pommées et de ses hanches étroites d'adolescent.

Elle portait exactement la même tenue que Cindy, mais la sienne était rouge et pailletée d'or. De toute façon, ça n'avait aucune importance : dans une poignée de minutes, elles seraient toutes deux marron et dégoulinantes de la tête aux pieds…

Lorsqu'elle vit le gros homme en chemise blanche et pantalon noir, qui faisait fonction d'arbitre, saisir son micro pour annoncer le prochain combat – le leur, donc – Corinne Joyon fut prise d'une brusque envie de tout planter là et de rentrer tranquillement chez elle, dans son petit deux-pièces de la porte de Charenton. Mais se ressaisit presque aussitôt, au prix d'un certain effort sur elle-même.

Elle était venue ici volontairement, elle avait même fait tout ce qu'il fallait pour être conviée à la « fête », elle n'allait tout de même pas se dégonfler maintenant !

D'autant que, si tout se déroulait comme elle l'espérait, elle pourrait en retirer un prix énorme. Pas de l'argent, encore que les catcheuses recrutées pour ces petites soirées privées étaient plus que correctement payées.

Non, l'avantage que Corinne Joyon escomptait de sa soirée était d'un tout autre ordre. Et si les participants avaient pu savoir pourquoi elle était parmi eux…

–Bon, on est bien d'accord ? souffla Cindy à son oreille, de sa voix un peu rauque, tandis que l'arbitre annonçait les deux combattantes suivantes, en insistant lourdement sur leur plastique et leurs mensurations. On se bat pour de vrai durant deux ou trois minutes maximum – et encore, sans trop forcer la dose, hein ! –, ensuite l'une de nous fait un tombé à l'autre et, après, on se roule dans le chocolat en faisant semblant de continuer à se battre. Pense à bien écarter les cuisses, à cambrer les reins et à faire ressortir ta poitrine, même si tu n'es pas très fournie de ce côté-là. C'est ça qui les excite, ces vicelards !

Corinne Joyon fit un signe d'assentiment de la tête, avant de demander :

– On joue le jeu habituel ? L'une de nous joue le *face* et l'autre le *heel*[1] ? Comment on se répartit les rôles ?

Les yeux levés, Cindy réfléchit quelques secondes, avant de décider :

– Je vais faire la salope et toi la gentille, ça sera plus crédible que l'inverse, je trouve. Dans l'esprit de beaucoup de mecs, une petite blonde ne peut pas être la méchante. C'est idiot mais c'est comme ça. Tandis que, moi, je les impressionne, avec mes gros nichons et mon cul de déesse.

Modeste, avec ça…

– Bon, allez, on y va, ma vieille ! fit Cindy, en poussant Corinne dans les reins.

Sans trop savoir comment, la jeune femme blonde se retrouva soudain au centre du ring, sous le feu des projecteurs croisés, ses pieds nus baignant dans dix bons centimètres de chocolat fondu, délicieusement tiède et onctueux.

Malgré l'éclairage assez fort, elles parvenaient à distinguer les spectateurs, occupés à les applaudir, Cindy et elle. Son cœur se mit à battre plus vite d'excitation, en découvrant un homme d'une trentaine d'années, précocement dégarni, occupé à

1 Dans le catch, où les rencontres sont très théâtralisées, il y a toujours un gentil (face) et un méchant (heel), ce dernier devant tricher… mais perdre à la fin.

sniffer une ligne de poudre blanche sur le petit miroir que lui tendait obligeamment une blonde d'une quarantaine d'années, aux formes un peu lourdes.

Apparemment, elle n'avait pas fait tout ça pour rien, et son idée allait sûrement payer…

Les yeux de Corinne se posèrent ensuite, un peu plus à gauche, sur une autre femme, et elle ne put réprimer un petit frisson de dégoût.

Cette sexagénaire s'appelait Yolande Soliveau, mais, dans les années soixante et soixante-dix, elle avait été connue – et même adulée – des amateurs de catch féminin sous le « nom de ring » de Cruella. Corinne Joyon avait toutes peines du monde à faire le raccord entre la splendide combattante qu'elle avait été, toujours assaillie par des dizaines d'admirateurs excités et d'amoureux transis, et la femme qu'elle avait maintenant sous les yeux.

Yolande Soliveau était devenue énorme. Mais vraiment énorme. D'après Corinne, au jugé, elle devait faire pas loin de deux cents kilos. En tout cas, plus de cent cinquante.

Ses jambes, grosses comme des tours jumelles, ne la portaient plus qu'à peine et, la plupart du temps, elle circulait dans un invraisemblable trône en bois rembourré de velours écarlate, monté sur un système de roulettes, que poussait le très dévoué Marceau Sainpère, dit le Boiteux.

Yolande Soliveau n'en était pas moins la propriétaire de la superbe propriété où ils étaient tous réunis en ce moment, et l'organisatrice de ces petites soirées, où l'on ne pouvait être invité sans être dûment coopté par l'un ou l'autre des habitués aux réjouissances.

Mal à l'aise face à cette obésité qui rendait Yolande Soliveau difforme, monstrueuse, Corinne Joyon détourna ses regards. Ce qui lui permit de constater que l'ambiance était déjà très « chaude » parmi certains spectateurs.

À droite du ring, un petit homme sec et ridé d'une soixantaine d'années avait pris sur ses genoux Vanessa – la catcheuse du précédent combat – et, lui ayant ôté son minuscule soutien-gorge, triturait ses gros seins un peu mous, s'amusant à en faire saillir les épaisses pointes brunes, en les roulant entre le pouce et l'index.

À la rangée de fauteuils suivante, l'autre catcheuse de la rencontre se laissait complaisamment embrasser à pleine bouche par une femme en tailleur strict et au chignon impeccable, d'environ quarante ans. Tout en acceptant ce baiser fougueux, la catcheuse avait glissé sa main dans l'échancrure du tailleur et devait pétrir les seins de sa partenaire, à en juger par le mouvement de ses doigts sous l'étoffe.

Soudain, actionné par l'arbitre se tenant hors du ring (à cause du chocolat...), le gong retentit, ramenant d'un coup Corinne Joyon aux réalités immédiates.

La réalité, elle la reçut dans le dos et sur les épaules, dès la fraction de seconde suivante.

À peine le coup de gong donné, Cindy s'était ruée sur son adversaire, alors que celle-ci lui tournait encore le dos. Avec un rugissement sauvage, la brune sauta en l'air et, tout en pivotant sur elle-même, envoya son pied gauche dans les reins de la blonde, réalisant ainsi un superbe *spinning wheel-kick*, qui expédia Corinne au tapis… c'est-à-dire dans le chocolat épais et odorant.

–Tu vas souffrir, petite salope ! gronda Cindy, le visage déformé par une fureur et une haine factices, jouant à la perfection son rôle de *heel*, de méchante. Je vais tellement te massacrer qu'en sortant d'ici tu ne pourras plus te faire baiser pendant au moins un mois !

Et, ce disant, alors que son adversaire pataugeait sur le tapis plastifié, rendu très glissant par le chocolat, elle effectua un spectaculaire *Big splash*, sautant sur Corinne pour l'écraser de tout son poids, qu'elle enchaîna avec un *cleavage choke*, prise consistant à amener des deux mains le visage de son adversaire entre ses deux énormes seins afin de l'étouffer.

Les deux femmes étaient à présent maculées de chocolat de la plante des pieds à la racine des cheveux. La matière molle et onctueuse plaquait leur string contre la peau, révélant les détails de leurs anatomies intimes avec une précision obscène.

Au-delà du ring, l'ambiance montait très vite

parmi les spectateurs. Il y eut deux ou trois petits cris suraigus de femmes, à cause des éclaboussures de chocolat, des exclamations masculines plus sourdes et quelques rires sonores. Auxquels se mêlaient déjà quelques soupirs de plaisir.

L'une des six ou sept femmes présentes, jeune et très mignonne avec ses cheveux bruns courts et ses immenses yeux violets, s'était carrément laissée tomber entre les cuisses d'un quadragénaire au visage dur et, ayant extrait son sexe volumineux de son pantalon de lin, était à présent occupée à le sucer goulûment. Tout en surveillant du coin de l'œil ce qui se passait sur le ring.

Sur le ring, Corinne avait réussi à se dégager de l'emprise de Cindy, grâce à un *Bell clap*, une double gifle violente appliquée sur les oreilles, qu'elle avait enchaîné par un *throat thrust*, un coup porté à la gorge du bout de la main, qui avait envoyé Cindy au tapis, juste assez de temps pour que Corinne se dégage et se remette debout.

Mais Corinne ne sut pas profiter de l'avantage que lui laissait son adversaire, encore occupée à patauger dans le chocolat épais et collant. Pratiquant la lutte gréco-romaine depuis des années, la jeune femme respecta sans y penser les règles de loyauté et de respect de l'adversaire qui régnaient dans ce sport et elle attendit bêtement que Cindy se remît debout elle aussi, avant de porter une nouvelle attaque.

Elle n'en eut pas le temps.

Cindy était à peine debout et lui tournait encore le dos, lorsqu'elle lui infligea un terrible *Black elbow*, violent coup de coude en arrière donné en pleine figure.

Avec un cri de douleur, Corinne fut projetée en arrière et atterrit dans les cordes entourant le ring.

À présent, les deux combattantes ruisselaient littéralement de chocolat, qui glissait le long de leurs corps à peu près nus en de lentes et épaisses coulées d'un brun presque noir.

Parmi les spectateurs, on était à la limite de la surchauffe, les barrières tombaient rapidement les unes après les autres.

Agenouillée sur un fauteuil, les coudes sur le dossier, Vanessa tendait sa croupe nue à la rencontre du membre raide et noueux qui la pénétrait à cadence rapide, cependant qu'elle en engloutissait un autre entre ses lèvres charnues.

Juste à côté de ce trio, une femme brune au visage sévère semblait ne pas même s'apercevoir qu'elle avait empoigné la verge de son voisin de droite et la branlait consciencieusement de ses longs doigts bagués, tout en braquant sur le ring des pupilles fixes et dilatées.

Un peu plus loin, deux hommes d'une cinquantaine d'années prenaient en sandwich la femme au chignon strict, sans même avoir pris la peine de la déshabiller, se contentant de relever la jupe de son tailleur sombre sur ses reins. Comblée par ces deux sexes mâles qui la labouraient en cadence, elle haletait comme un soufflet de forge, mais sans que son visage perde rien de sa sévère dignité.

Sur le ring, Corinne sentait une douleur lancinante irradier dans toute sa tête, après le violent coup de coude que lui avait infligé Cindy.

Une douleur à laquelle venait à présent s'ajouter une sourde appréhension. Car elle venait de réaliser que, contrairement aux règles qu'elle avait elle-même fixées juste avant le début du match, son adversaire ne faisait pas semblant.

Comme possédée par la fièvre du combat, ou par une autre fièvre, elle luttait vraiment.

Et Corinne, malgré son entraînement à la lutte, se demandait si elle allait pouvoir encaisser longtemps le choc de cette furie pratiquement nue et dégoulinante de chocolat.

Comme pour lui donner raison, Cindy se précipita sur elle en grondant, alors que Corinne se trouvait toujours à demi sonnée, sur le bord du ring.

Alors qu'elle se préparait au choc du corps de Cindy contre le sien, elle fut stupéfaite de la voir bondir par-dessus les cordes pour atterrir à l'extérieur du ring, éclaboussant de chocolat les spectateurs les plus proches – qui n'étaient plus en état de s'en faire pour si peu…

La seconde d'après, Corinne sentit sa tête prise dans une sorte d'étau poisseux de chocolat, mais d'une puissance irrésistible.

Et elle se retrouva, la tête entre deux cordes entortillées l'une sur l'autre, tirée vers l'extérieur, à moitié étouffée, la peau du cou brûlée par le frottement rugueux du chanvre.

Quelques spectateurs mâles, probablement d'authentiques amateurs de catch et en connaissant les règles, s'étaient mis à siffler et à huer Cindy, coupable de cette attaque illégale qui, dans un vrai match, aurait entraîné sa disqualification immédiate et définitive.

Mais la plupart étaient bien trop pris par la fièvre érotique générale pour se soucier de légalité.

C'est alors que, pour Corinne, dont les yeux ruisselaient à présent de larmes allant se perdre dans le chocolat qui maculait son visage, la soirée bascula.

Et pas du bon côté.

Deux hommes, ayant bizarrement conservé leurs chemises et cravates, à l'exception de tout autre vêtement, grimpèrent sur le ring. Sexe tendu au garde-à-vous.

– Enlevons ça, sinon on va s'en mettre partout ! suggéra le plus âgé des deux, en défaisant sa cravate, aussitôt imité par son acolyte.

Lorsqu'ils furent nus tous les deux, ils s'avancèrent vers les deux catcheuses. En découvrant ces superbes érections jumelles, Cindy eut un petit sourire égrillard.

– Vous avez une petite faim, mes gros chéris ?

ronronna-t-elle, en passant la langue sur ses lèvres épaisses. Je n'ai que du chocolat à vous offrir… et il faudra venir le chercher directement avec la langue !

–C'est bien notre intention ! affirma le plus âgé, avec un large sourire. Simon, tu prends laquelle ?

–La petite blonde me brancherait assez, répondit l'autre. Et puis, elle a déjà la position adéquate…

–Parfait ! je bouffe l'autre ! assura l'aîné en se précipitant sur Cindy, dégoulinante de chocolat.

Le cou toujours pris dans l'entortillement des cordes, le corps tordu à 90°, Corinne sentit que deux mains se posaient sur ses hanches maculées de brun et entreprenaient de la débarrasser de son string. Comprenant ce que son partenaire imposé avait en tête, elle voulut crier pour protester. Mais, à cause des cordes qui l'étranglaient à moitié, elle ne put émettre qu'un pitoyable gargouillis.

Juste devant elle, le quinquagénaire grassouillet s'était laissé tomber à genoux devant Cindy, laquelle avait posé un pied sur la deuxième des cordes ceignant le ring et écarté complaisamment le genou, afin de bien dégager son intimité, dont la dense fourrure noire était toute collée par le chocolat, de plus en plus épais à mesure qu'il refroidissait.

À moins de cinquante centimètres de sa figure congestionnée, Corinne put voir le gros homme plaquer avidement sa bouche sur le sexe féminin empoissé et y plonger avidement sa langue, comme un enfant gourmand et affamé.

–Elle te plaît ma fontaine à chocolat ? demanda Cindy, d'une voix de plus en plus vulgaire. Vas-y, mon gros, bois-moi ! Pompe tant que tu peux !

Corinne n'entendit pas la suite. Derrière elle, le dénommé Simon venait de tomber également à genoux. Elle sentit quelque chose de chaud et de souple s'insinuer rapidement entre les pétales nacrés de sa féminité, pour l'heure entièrement barbouillée de chocolat.

Elle rua violemment dans les cordes, ce qui eut pour effet de lui râper un peu plus la peau du cou : son « partenaire » venait d'enfoncer brutalement deux doigts dans son anus, une chose que Corinne n'avait jamais laissé aucun homme lui faire.

Simon se méprit sur son soubresaut.

–Ah ! je vois que tu aimes ça ! dit-il en se redressant. Ça tombe drôlement bien parce que moi, c'est ce que je préfère, enculer une bonne petite salope comme toi. Et, là, avec le chocolat, ça va glisser tout seul, tu vas voir !

Ça ne glissa pas tout seul. En la sodomisant sans la moindre précaution, de toute la longueur de son membre de belle taille, son violeur lui causa une douleur épouvantable. Corinne eut l'impression qu'on venait de lui transpercer les reins avec un fer chauffé au rouge. Elle voulut hurler, mais elle n'y parvint pas, à cause des cordes comprimant sa gorge.

Alors, d'un coup, la douleur que lui infligeait l'homme en train de la sodomiser se changea en une sorte de fureur noire, de rage incontrôlable qui décupla ses forces.

Sans trop savoir comment, à force de ruades dignes d'une pouliche sauvage, elle parvint non seulement à désarçonner son violeur, mais également à se délivrer des cordes qui la retenaient prisonnière du ring.

Ne comprenant rien à ce qui se passait, Simon, le sourire aux lèvres, revint vers elle pour l'enlacer, le sexe toujours tendu au maximum et luisant de chocolat.

Mais son regard lubrique croisa celui de Corinne Joyon, et la lueur qu'il y vit l'arrêta net dans son élan érotique. Se désintéressant d'elle dans la seconde, il pivota vers Cindy et son partenaire et se joignit à eux, empoignant sans ménagement les grosses fesses de la catcheuse, qui cambra complaisamment les reins pour s'offrir à la pénétration.

Corinne passa rapidement sous les cordes du ring, bien décidée à ficher le camp d'ici au plus vite. Le temps de prendre une douche, de récupérer ses fringues et hop ! direction Paris ! Heureusement qu'elle avait eu la bonne idée de venir avec sa Clio plutôt qu'en RER, parce que, à cette heure-ci, les transports en commun…

Dans la pièce, l'orgie était quasiment générale et Corinne, malgré sa hâte de s'en aller, contempla le spectacle avec ahurissement durant quelques secondes.

Partout, ce n'était plus que corps enchevêtrés, par groupes de deux, trois personnes, voire davantage. Certains entièrement nus, d'autres encore partiellement vêtus. On entendait des râles, des soupirs, des gloussements, traversés de temps en temps par le long cri d'un homme ou d'une femme fauché par la jouissance. Ainsi que divers bruits de succion, humides, lourds, plus ou moins saccadés…

Il régnait une chaleur lourde, moite, presque gluante, dans laquelle le mélange des parfums se mêlait à une forte odeur de sueur, de sperme et de rosée féminine qui finissait par vous prendre à la gorge jusqu'à la nausée.

Seules trois personnes, légèrement à l'écart des autres, ne participaient pas à cette orgie, en tout cas pas autrement que par les regards.

Tout d'abord, Yolande Soliveau, toujours installée sur son espèce de trône à roulettes. Elle s'efforçait à l'impassibilité, face au spectacle de ces corps en sueur s'entre-pénétrant, mais une sournoise excitation intérieure l'agitait, qui faisait trembloter les masses graisseuses de son corps difforme.

Debout à sa droite, tel un domestique aux ordres, se tenait le Boîteux ; lui paraissait réellement indifférent à ce qui se déroulait sous ses petits gris, incroyablement vifs. Corinne se fit la réflexion qu'il ressemblait un peu à Erich von Stroheim dans *Sunset Boulevard*...

À gauche du « trône » se tenait une femme d'une trentaine d'années, aux cheveux blonds presque en brosse, grande, le corps admirablement proportionné, mais dont la beauté, très classique, était un peu gâchée par la dureté qui émanait de son regard bleu acier.

Corinne se souvint avoir entendu prononcer son nom par le Boîteux, lors de son arrivée à la propriété, deux heures plus tôt: Sonia Schiele. « Un nom allemand, avait-elle aussitôt pensé. Ou autrichien... »

La jeune s'arracha à la fascination malsaine qui la poussait à rester là, au pied du ring, à observer les ébats frénétiques des uns et des autres.

À moins de trois mètres d'elle, Vanessa et la femme au chignon – entièrement nue à présent – étaient allongées l'une sur l'autre, tête-bêche, Vanessa au-dessus de sa partenaire, et se léchaient mutuellement le sexe en émettant de sourds grognements de plaisir.

Corinne Joyon s'arracha à ce spectacle qui, bien qu'elle n'ait jamais eu la moindre tentation saphique de sa jeune vie, la troublait étrangement.

Pour plus de discrétion, elle évita de traverser la salle en diagonale, préférant la contourner le long de ses murs, plongés dans une semi-obscurité.

Une relative pénombre qui n'empêcha nullement

Marceau Sainpère de s'apercevoir de la « fuite » de l'une des catcheuses qu'il avait lui-même recrutées.

Il en ressentit une assez vive contrariété, même si celle-ci ne fit pas frémir le moindre muscle de son visage aux lèvres perpétuellement serrées et au crâne entièrement rasé. Il n'aimait pas du tout qu'on le traite avec cette légèreté, avec autant de désinvolture, le Boîteux.

Certes, cette fille avait assuré le combat pour lequel elle avait été payée (mille euros et en liquide, tout de même...), de ce point de vue elle était en règle. Seulement, le Boiteux se souvenait lui avoir bien précisé que, pour ce prix-là, elle devrait rester jusqu'à la fin de la soirée et « tout faire pour la satisfaction de ses invités ».

Or, là, sur ce point précis, elle était en train de le gruger. Ce que Marceau Sainpère n'aurait toléré de quiconque, et surtout pas d'une fille ayant à peine la moitié de son âge.

Sa décision fut rapidement prise et elle lui parut toute naturelle : il allait se rendre dans la petite pièce transformée en vestiaire et reprendre la moitié des mille euros qu'il lui avait versés à son arrivée.

Ce ne serait que bonne justice.

Il s'inclina avec une certaine raideur devant Yolande Soliveau et désigna la porte d'un petit mouvement du menton. Sans prononcer une parole. D'une manière générale, Marceau Sainpère avait toujours parlé le moins possible. Au point que, dans sa jeunesse, quelques-uns de ses copains d'entraînement l'avaient surnommé le mime Marceau...

Puis, il pivota sur ses talons, toujours très von Stroheim, et se dirigea vers la sortie, de son étrange démarche claudicante, déjetée vers la gauche, sans un regard pour les corps nus et enchevêtrés, en sueur, qui continuaient de s'accoupler en râlant de plaisir.

Une fois dehors, il fut surpris par la fraîcheur qui régnait dans les autres parties des caves de l'immense maison. Il remonta l'étroit couloir, à droite, qui conduisait aux trois autres pièces de cette partie du sous-sol. L'une avait été aménagée en salle de douche, afin que les catcheuses puissent se nettoyer après leurs exhibitions, la deuxième servait de vestiaire.

Quant à la troisième, c'est là que les deux aides de Marceau Sainpère, dans une immense cuve enfoncée dans le sol, faisaient passer le chocolat de l'état solide à l'état liquide, juste avant les représentations « spéciales »...

Le Boîteux se dirigea d'abord vers la salle de douche, dont il entrouvrit la porte. Il fut contrarié d'entendre l'eau couler : ça voulait dire que cette Corinne s'y trouvait encore et qu'il allait devoir attendre avant de récupérer son argent.

Et Marceau Sainpère avait toujours eu une sainte horreur d'attendre...

Il haussa les épaules et se dirigea vers le vestiaire.

Après tout, il n'avait pas besoin de *demander* l'argent à cette fille : il avait juste à le lui reprendre lui-même…

Il entra dans la pièce, que ses petits yeux gris balayèrent rapidement. Dans l'un des boxes individuels, sur un cintre, il repéra très vite le chemisier vert acide, dans lequel il se souvenait avoir vu Corinne Joyon arriver. Donc, le sac à boucle dorée, vert lui aussi, ne pouvait être que le sien.

Sans le moindre problème de conscience, se fichant de la discrétion et de la délicatesse comme de sa première chemise, le Boîteux ouvrit le sac.

Outre les vingt billets de cinquante euros qu'il lui avait remis deux heures plus tôt, il repéra deux choses, dans le sac de la jeune femme, qu'il ne s'attendait pas à y trouver – mais alors pas du tout.

La première de ces deux choses, il l'étudia soigneusement pendant près d'une minute, en la tenant entre le pouce et l'index, avant de la reglisser dans le sac.

Puis, il empoigna la seconde de ces choses, alla se placer derrière la porte et se mit à attendre.

Son visage n'avait toujours pas exprimé le moindre sentiment décelable.

*

* *

Corinne Joyon tourna le robinet mélangeur jusqu'à ce que l'eau s'arrête complètement de couler du pommeau de douche. Elle écarta le rideau translucide et, les yeux pleins d'eau, attrapa la grande serviette éponge qu'elle avait pris soin de disposer à portée de main, avant d'entrer dans la douche.

Elle se sentait infiniment mieux, maintenant qu'elle s'était débarrassée de cet immonde chocolat visqueux. Elle se demandait si elle parviendrait à en remanger avec plaisir, maintenant…

Elle se sécha soigneusement, un vague sourire flottant sur ses lèvres rouges et bien dessinées.

Après tout, maintenant que le dégoût de ce qu'elle avait subi refluait, que la douleur de son cou meurtri par les cordes se faisait plus supportable, elle se disait qu'au fond la soirée avait été nettement fructueuse.

Non seulement elle avait trouvé ici ce qu'elle était venue y chercher, mais en plus elle allait repartir avec mille euros en numéraire ! Une somme qui, vu ce qu'elle gagnait par mois, n'était sûrement pas à négliger.

Corinne enveloppa son corps souple dans la grande serviette et quitta la salle de douche pour rejoindre le vestiaire. En se disant qu'elle allait peut-être enfin pouvoir s'offrir ce week-end en thalasso dont elle rêvait depuis des mois…

Corinne pénétra dans le vestiaire dont elle repoussa la porte derrière elle.

C'est au moment précis où le battant claquait

contre son montant qu'elle prit conscience d'une présence anormale dans ce vestiaire, a priori réservé aux filles.

En l'occurrence, celle de Marceau Sainpère, qui la regardait avec une effrayante impassibilité.

D'autant plus effrayante qu'il tenait à la main droite un revolver dont il braquait le canon sur elle.

Et, tout de suite, Corinne Joyon réalisa qu'il ne s'agissait pas de n'importe quel revolver.

Mais du sien.

Elle sentit une coulée de sueur glaciale dévaler le long de sa colonne vertébrale et, malgré elle, elle fut contrainte de fermer les yeux.

De terreur.

*

*   *

Sylvain Chauvier descendait l'escalier conduisant à la cave, d'un pas lourd et traînant. D'autant plus lourd qu'il avait les bras encombrés d'un gros seau métallique, de plusieurs balais et d'une douzaine de serpillières.

Il détestait absolument les lendemains de soirées « spéciales », comme on disait pudiquement dans la maison, et comme il avait appris à dire aussi.

Car, le lendemain, la salle du ring était dans un état absolument cauchemardesque et c'était son boulot à lui, de la nettoyer.

Oh ! bien sûr, il était payé à peu près deux fois plus qu'un homme d'entretien n'importe où ailleurs ! Mais tout de même : que ce soit de l'huile ou du chocolat qui macule le ring et la portion de salle autour, c'était pis que les écuries d'Augias, à remettre à neuf !

Histoire de démarrer pas trop brutalement, Sylvain décida de commencer par la cuve.

Car ça aussi, c'était son boulot, le nettoyage de la cuve où on faisait fondre le chocolat. Pas trop compliqué, sauf qu'il fallait descendre à l'intérieur, vu qu'elle dépassait à peine du niveau du sol. Et Sylvain n'aimait pas ça : il avait l'impression, à chaque fois, d'être comme dans son propre cercueil…

Il entra dans la pièce et déposa tout son barda avec un soupir de soulagement.

Logiquement, la cuve avait dû être vidée la veille au soir, après les réjouissances : si on ne le faisait pas tout de suite, le chocolat redurcissait en refroidissant et, après, c'était la croix et la bannière. Tandis que si elle était vide, il avait juste à nettoyer les parois en inox, bien lisses, ce qui se faisait quasiment tout seul, ou presque.

À ce moment, dans son dos, le claquement de la porte se rouvrant fit sursauter Sylvain Chauvier, qui se retourna d'un bloc, le cœur battant.

Pour se retrouver nez à nez avec Marceau Sainpère, vêtu d'un gros pantalon de velours et d'une veste de chasse.

« Qu'est-ce qu'il fout déjà là, le Boiteux ? songea le jeune homme, en s'efforçant de ne marquer aucune surprise. Il est à peine sept plombes du mat' et ils ont pourtant bien dû faire la foire jusqu'à pas d'heure, hier… »

– Je vais avoir besoin de ton aide, dit le Boiteux, de sa voix bizarrement fluette, par rapport à sa physionomie massive. De ton aide et de ton silence le plus absolu. Tiens, prends ça en échange…

Sylvain ouvrit des yeux ronds en découvrant la liasse de billets de cinquante euros que lui tendait Marceau Sainpère. Il se dit qu'il devait y en avoir au moins pour deux ou trois mille euros, là-dedans…

– Cinq mille ! lâcha le Boiteux, comme s'il avait suivi le cours de ses pensées, ce qui n'était pas bien difficile.

– Waoh ! Et qu'est-ce que je suis censé faire, pour une somme pareille ? Je dois tuer quelqu'un ?

– Ce n'est plus la peine… répondit le Boiteux, sans la moindre trace d'humour perceptible, en désignant la cuve d'un geste vague de la main.

Sylvain Chauvier s'avança jusqu'au bord et baissa le regard. Instantanément, son sourire s'évapora.

Au fond de la cuve se trouvait une sorte de statue en chocolat. Une statue de femme, grandeur nature, assise contre la paroi cylindrique, dans une position qui rappelait vaguement celle dite « du lotus ».

Seulement, cette statue en chocolat, il se trouve

que l'un de ses doigts s'était brisé.

Et ce qu'on voyait dépasser fit flageoler les jambes de Sylvain Chauvier.

C'était un doigt humain.

Le doigt d'un cadavre de femme, enfermé dans une carapace de chocolat noir.

CHAPITRE II

En poussant la porte du bureau des Affaires recommandées, la section reine de la fameuse Brigade mondaine, le commandant Boris Corentin fut légèrement pensif de trouver son coéquipier et ami, le capitaine Aimé Brichot, dans une attitude très songeuse.

Et surtout, debout sur son propre bureau.

– Euh… Mémé ? Tout va bien, tu es sûr ? Tu veux que j'appelle l'infirmerie ? Éventuellement, je peux savoir ce que tu fais, à jouer les barons perchés[1] ?

Aimé Brichot parut sortir d'une profonde méditation, regarda sa flèche et répondit d'un ton très naturel :

– Je faisais une expérience… j'avais besoin de me rendre compte de ce que ça faisait…

– De ce que ça faisait *quoi*, si je puis me permettre d'insister ? fit Corentin qui commençait réellement à s'inquiéter pour la santé mentale de son coéquipier.

1. Le Baron perché est le titre d'une nouvelle de l'écrivain italien Italo Calvino. Qui a également écrit *Le Vicomte pourfendu* et *Le Chevalier inexistant*.

Aimé Brichot finit par redescendre de son bureau, remonta machinalement ses lunettes de myope sur son nez busqué, avant de répondre :

– Figure-toi que, ce matin, à la radio, j'ai entendu que l'homme le plus grand du monde – un Chinois, en plus – mesurait deux mètres cinquante-deux !

– Et ?...

– Eh bien ! depuis deux heures, je me demande comment on voit le monde, à une hauteur pareille. Ça commençait même à tourner à l'obsession ! Alors, pour m'en débarrasser, j'ai grimpé sur le bureau et j'ai regardé attentivement autour de moi...

– On peut savoir quelles conclusions tu en as tirées ? s'enquit Boris, qui avait du mal à garder son sérieux.

– Que je suis très content, non seulement d'avoir une taille standard, mais en plus d'être français plutôt que chinois ! répondit Aimé Brichot, avec un petit sourire.

– Tu virerais xénophobe, sur tes vieux jours ? observa Corentin, les sourcils froncés.

– Mes vieux jours, mes vieux jours, charrie pas quand même : je n'ai pas encore 40 ans, je te signale ! Et pour ce qui est de la xénophobie, tellement à la mode de nos jours, eh bien ça ne m'effleure pas une seconde, figure-toi ! N'empêche que je suis quand même bien content d'être français. Pas toi ?

Boris Corentin fut empêché de répondre par la

sonnerie de son téléphone de bureau. Il décrocha au milieu de la seconde sonnerie et identifia immédiatement la voix éraillée et rocailleuse du commissaire divisionnaire Charlie Badolini, le patron de la brigade.

– Très, bien, on arrive immédiatement, Monsieur, dit Corentin, après quelques secondes de silence, et avant de raccrocher.

– C'était Baba ? demanda Brichot, sans réfléchir à ce que sa question avait d'un peu stupide.

– Pas du tout, répondit son coéquipier du tac au tac : c'était le livreur de chez *Pizza Hut* qui demandait s'il pouvait monter les deux « quatre saisons » que tu lui as commandées !

– Ah, c'est malin... soupira Aimé Brichot, en suivant sa flèche dans le couloir.

Moins d'une minute plus tard, ils franchissaient la double porte capitonnée derrière laquelle s'étendait le vaste bureau de Charlie Badolini, entièrement meublé en style Empire, ce qui était bien le moins pour un Corse pur sucre comme lui.

Malgré l'heure encore matinale, l'atmosphère confinée de la pièce – frileux, Badolini n'ouvrait que très rarement les deux fenêtres donnant sur la Seine –, était pleine d'une épaisse fumée hautement nicotinisée et saturée de goudrons divers : celle des cigarettes brunes sans filtre que le commissaire divisionnaire fumait pratiquement à la chaîne, du matin au soir, avec le plus parfait dédain pour les campagnes anti-tabac qui se déchaînaient en rafales depuis quelques années.

Mais Charlie Badolini vivait depuis peu avec une épée de Damoclès au-dessus de la tête : il savait que, désormais, l'interdiction de fumer dans les lieux publics était totale, même si pour l'instant, il feignait encore de l'ignorer – ou d'être au-dessus de la loi.

Jusqu'à présent, personne n'avait osé lui faire de remarque à ce sujet, mais il savait que cela viendrait tôt ou tard. D'autant qu'un commissaire divisionnaire est tout de même censé donner un peu l'exemple…

– Entrez, Messieurs, entrez ! dit Badolini, avec un petit geste incitatif de la main gauche. Mademoiselle Hébert n'est pas avec vous ?

– Euh… non, répondit Boris Corentin, en prenant place dans l'un des deux fauteuils prévus pour les visiteurs. Je crois me souvenir que Géraldine vient tout juste d'aider Rabert et Tardet[1] à boucler l'affaire des vidéos pornos de Pontoise, et qu'elle a pris une journée de congé pour récupérer. Mais elle sera là demain, je suppose…

– Tant mieux ! vous ne serez pas trop de trois pour régler aussi rapidement que possible l'affaire que je vais vous confier. Corinne Joyon, ça vous dit quelque chose ?

– Rien du tout, patron, répondit Boris Corentin, après avoir cherché quelques secondes dans sa

1. La deuxième équipe d'inspecteurs des Affaires recommandées.

prodigieuse mémoire.

–Pas davantage… ajouta Aimé Brichot, en lissant machinalement la pointe droite de sa moustache entre le pouce et l'index.

–Corinne Joyon était une jeune lieutenant stagiaire des Stups, expliqua Charlie Badolini. Elle a été retrouvée morte, tôt ce matin, sur un chantier de l'autoroute A 86, aux environs de Vélizy. Elle était de plus entièrement nue.

–On sait de quoi elle est morte, patron ? demanda aussitôt Aimé Brichot.

–Pas encore, répondit le commissaire. Elle a été transportée à l'IML[1] et je suppose que les toubibs doivent être en train de se pencher sur son cas.

–On peut savoir pourquoi cette affaire Corinne Joyon a atterri sur votre bureau, Monsieur le divisionnaire ? voulut savoir Boris Corentin. Je veux dire : pourquoi ses collègues des stups ne s'en chargent pas eux-mêmes ?

–Justement parce qu'il s'agit d'une collègue à eux, répondit Badolini. Le patron de la brigade a estimé que ses hommes ne feraient peut-être pas preuve d'assez de recul, et donc de lucidité, s'il les chargeait du dossier. Donc, il m'a demandé comme un service si je ne voulais pas prendre le relais. J'ajoute que le fait qu'on ait retrouvé cette pauvre fille entièrement nue rend l'affaire assez « mondaine », non ?

Charlie Badolini tendit à Boris Corentin la mince

1. L'institut médico-légal, autrement dit la morgue, située le long de la Seine, tout à côté du pont d'Austerlitz.

chemise cartonnée orange qui se trouvait sur son sous-main en cuir de Cordoue :

– Tenez, il y a quelques renseignements préliminaires sur Corinne Joyon, là-dedans. Et il va de soi que vous pouvez faire appel à n'importe quel moment au commissaire divisionnaire Charron, mon homologue des stups. Vous allez commencer par l'IML, je suppose ?

– On ne peut rien vous cacher, patron ! répondit Boris, en se levant de son fauteuil.

*

* *

La Peugeot 307 SW de service, gris métallisé, pilotée par Boris Corentin, pénétra dans la cour arrière de l'IML, l'institut médico-légal, autrement dit la morgue, dont les murs de petites briques rouges paraissaient encore plus sinistres que d'habitude, probablement à cause de la petite pluie fine et persistance qui les maculait de haut en bas et semblait ne plus jamais devoir cesser.

Boris Corentin et Aimé Brichot s'engouffrèrent à l'intérieur du bâtiment, situé au bord de la Seine d'un côté, et de la ligne de métro Bobigny – Place d'Italie de l'autre.

Ils remontèrent la galerie agrémentée de bustes en marbre un peu rébarbatifs, passèrent devant le bureau du directeur de l'Institut, puis devant la salle dite « des reconnaissances »: c'est là que l'on demandait aux familles, ou aux proches, de venir mettre un nom sur les cadavres à l'identité encore incertaine. Une épreuve qui laissait peu de gens indemnes...

Enfin, les deux policiers obliquèrent à gauche et pénétrèrent dans la salle des autopsies, entièrement carrelée de blanc, où l'odeur d'éther se mêlait à une autre, plus fade, plus insidieuse, mais aussi beaucoup plus difficile à supporter.

L'odeur de la mort elle-même.

Comme ils s'y attendaient plus ou moins, ils furent accueillis par le quasi inamovible docteur Flutiaux, médecin légiste de son état, petit homme tout en rondeurs joviales, qui ne se départait jamais de son sourire, pas plus que de son éternel nœud papillon à gros pois.

– Tiens ! tiens ! mais qui voilà ? s'exclama-t-il, en levant ses petits bras courtauds en V, à la façon d'un général de Gaulle qui aurait rétréci au lavage. Mais non, je ne rêve pas : ce sont mes joyeux duettistes préférés ! Les Charpini et Brancato de la police française ! Quel bon vent vous amène ?

– Ce serait plutôt un mauvais vent, toubib, grimaça Boris Corentin. On vient pour Corinne Joyon, notre jeune collègue des stups...

L'habituel sourire jovial du docteur Flutiaux disparut instantanément de son visage lunaire. Par expérience, il savait que, lorsque les tueurs s'en prennent à l'un des leurs, les policiers ont tendance à souffrir d'une assez nette déperdition d'humour...

–Je viens tout juste d'en terminer avec elle, répondit-il, en se dirigeant vers l'un des grands tiroirs réfrigérés destinés à recevoir les corps. Vous voulez la voir ?

Sans attendre la réponse – qui allait de soi –, le docteur ouvrit le tiroir et tira d'un geste sec le plateau métallique qui se trouva à l'intérieur de cette sorte de sarcophage moderne.

Boris Corentin découvrit une très jeune femme, blonde, assez jolie encore malgré la pâleur cadavérique, assez menue mais admirablement proportionnée. Il ressentit un petit pincement du côté du cœur.

La mort, à cet âge-là...

Mais, juste après, le côté policier d'élite reprit le contrôle de son cerveau. Il pointa l'index sur les marques légèrement rosâtres que Corinne Joyon portait au cou :

–Qu'est-ce que c'est que ça, toubib ? Elle serait morte étranglée ?

–Elle n'est pas morte étranglée, répondit Flutiaux, en rajustant machinalement son éternel nœud papillon à pois. Cela dit, il pourrait bien y avoir eu tentative de strangulation, en effet. Avec une corde de chanvre, précisément. Non, je vous certifie que cette jeune femme est bel et bien morte noyée.

–Vous avez retrouvé de l'eau dans les poumons ? voulut savoir Aimé Brichot.

Le docteur Flutiaux se tourna vers lui en feignant l'étonnement :

–De l'eau ? Non, pas une goutte, pourquoi ?

–Mais… enfin… bafouilla Brichot, pris de court, vous venez de dire qu'elle était morte…

–Noyée ? l'interrompit Flutiaux, dont l'humeur joviale reprenait le dessus. Oui, certes, et je le maintiens. Mais je n'ai pas dit : noyée *dans de l'eau* !

–Bon ! dans quoi alors ? Fit un peu brusquement Corentin, que les atermoiements du médecin légiste commençaient à sérieusement agacer.

La réponse de Flutiaux cloua sur place les deux policiers, de stupeur incrédule :

–Elle s'est noyée, ou, plus sûrement, on l'a noyée… dans du chocolat fondu !

–Du chocolat ?! s'exclamèrent Corentin et Brichot, avec un ensemble parfait.

–Comme je vous le dis, confirma Flutiaux, qui s'amusait beaucoup de la mine ahurie des deux autres. Il est même probable qu'on l'ait entièrement immergée dans du chocolat, car j'en ai retrouvé des traces infimes un peu partout sur son corps : sous les ongles, à la racine des cheveux, dans le vagin, et aussi dans son…

–Ça va, on a pigé ! l'interrompit Aimé Brichot, que ce genre de détails anatomiques, surtout en présence du cadavre de la personne concernée, mettait assez mal à l'aise.

–Est-ce qu'elle a été violée, d'après vous ?

s'enquit Boris Corentin, en refermant d'autorité le tiroir frigorifique. Je veux dire : dans les moments précédents sa mort... Au fait, vous la situez quand, cette mort ?

– Entre onze heures du soir et une heure du matin, sans grand risque d'erreur, répondit Flutiaux. Pour la question du viol, c'est plus délicat. Elle a très probablement été sodomisée dans les heures précédant son décès, et encore ce n'est pas absolument certain. Mais était-elle consentante ou non, il m'est impossible de vous le dire avec certitude.

Le médecin légiste frotta l'une contre l'autre ses petites mains replètes :

– Bien, Messieurs ! Il va sans dire que je me pâme d'aise quand je suis en votre glorieuse compagnie, mais il se trouve que j'ai un rapport d'autopsie à établir, moi. Si vous voulez l'avoir sur votre bureau demain matin – ce que vous n'allez pas manquer d'exiger, je vous connais... –, il faudrait peut-être que j'aille m'y mettre !

– OK, toubib, on vous laisse, répondit Corentin avec un petit sourire. Tu viens, Mémé ?

– Plutôt deux fois qu'une, s'empressa Brichot, qui avait toujours détesté l'IML.

Lorsqu'ils quittèrent le bâtiment de petites briques rouges, ce fut pour constater qu'il avait cessé de pleuvoir.

– On commence par quoi ? s'enquit Aimé Brichot, en s'installant dans la voiture.

Boris Corentin prit le temps de démarrer de sortir de la cour, avant de laisser tomber :

– Par les marchands de chocolat en gros !

Chapitre III

– Bon, maintenant, déshabille-toi…

Sonia Schiele se renversa contre le dossier de son fauteuil, jouissant de l'embarras de la sculpturale fille brune qui se tenait debout, de l'autre côté de son bureau, les bras ballants. Elle se nommait Sylvie Cornu, mais, lorsqu'elle montait sur le ring, elle devenait *Fighting girl*, l'un des espoirs du catch féminin de demain. Elle avait tout juste 20 ans et Sonia Schiele l'avait repérée, une semaine plus tôt, dans une salle d'entraînement d'Aubervilliers.

Dès le premier coup d'œil, elle avait été très frappée – et aussi très attirée… – par le corps superbe, à la fois musclé et harmonieux, de cette fille. Habituée à ne pas perdre de temps dans ce domaine, Sonia était entrée en contact avec Sylvie, simplement en la suivant jusqu'au vestiaire. Là, elle lui avait demandé si des exhibitions privées, très bien payées, l'intéressaient.

La catcheuse n'avait pas hésité longtemps avant

de répondre oui, et l'Allemande lui avait donné rendez-vous à onze heures, dans le bureau que Yolande Soliveau louait pour elle, entre Bastille et République, dans un deuxième étage sur cour.

– C'est vraiment la peine que je me déshabille ? finit par demander Sylvie Cornu, sur un ton ennuyé.

– Naturellement ! cracha Sonia d'une voix sèche. Il faut que je voie si tu as de quoi intéresser et émouvoir nos amis, c'est bien la moindre des choses, non ?

La catcheuse eut une petite moue qui semblait vouloir dire qu'elle admettait le bien fondé de l'observation.

Elle fit voler son tee-shirt par-dessus sa tête, laissant Sonia découvrir la masse volumineuse de ses seins fermes et ronds, emprisonnés dans un soutien-gorge rouge.

Puis, elle déboutonna son jean afin de s'en débarrasser. Ce qui ne se fit pas tout seul, vu qu'il était très ajusté. Sa petite culotte était de la même couleur que son soutien-gorge et laissait deviner, dessous, un pubis noir et assez fourni, ce qui plut beaucoup à Sonia Schiele.

Elle avait en horreur cette mode de l'épilage ou du rasage, chez les filles d'aujourd'hui.

Sylvie Cornu demeurait immobile, les bras ballants le long de son corps parfait.

– Eh bien ? Qu'est-ce que tu attends ? siffla Sonia Schiele. C'est à poil que je veux te voir, figure-toi !

Ne me dis pas que tu es pudique, en plus…

Résignée, Sylvie envoya ses deux mains dans son dos pour dégrafer son soutien-gorge, qu'elle laissa tomber sur le parquet. Malgré leur impressionnant volume, ses seins s'affaissèrent à peine, comme s'ils se jouaient de la pesanteur. Sonia nota qu'ils s'agrémentaient de larges aréoles brunes et que leurs mamelons étaient très gros.

Ce qui fit monter d'un cran l'excitation qu'elle commençait à ressentir, au creux de son ventre.

De l'autre côté du bureau, Sylvie était en train de faire glisser son slip le long de ses jambes parfaites, dont on voyait les muscles jouer sous la peau fine, veloutée et d'une blancheur presque éblouissante.

Comme elle le pressentait, Sonia découvrit, à la jonction des cuisses rondes, un buisson épais et bouclé, d'un noir de jais tranchant superbement sur sa peau très pâle, remontant haut vers le nombril.

Instantanément, elle eut envie d'y plonger ses doigts – et pas seulement ses doigts.

Et qu'est-ce qui l'empêchait de le faire, là, maintenant ? Après tout, cette fille avait accepté de participer à une ou plusieurs soirées où on ne lui demanderait pas uniquement de montrer ce qu'elle savait faire sur un ring…

En outre, depuis le temps qu'elle les fréquentait, Sonia Schiele savait que la proportion de lesbiennes, chez les catcheuses, était bien plus élevée que dans l'ensemble de la population. Ou, du moins, quand elles n'étaient pas exclusivement lesbiennes, elles se laissaient facilement aller à des contacts plus ou moins rapprochés, plus ou moins « profonds » avec les autres combattantes.

C'était peut-être par le biais des combats, d'ailleurs, qu'elles en venaient progressivement à des étreintes beaucoup moins agressives et guerrières… Sonia ne s'était jamais posé la question, pour la simple raison qu'elle se fichait de démêler le pourquoi du comment.

Pour le moment, une seule chose l'intéressait : la satisfaction du désir qu'elle éprouvait pour la superbe fille nue qui se dandinait de l'autre côté de son bureau.

– Viens un peu par ici, ma chérie… dit-elle d'une voix nettement radoucie, avec un petit geste d'invite de la main. Que je te voie mieux…

Sylvie contourna le bureau en ondulant des hanches, balançant sa croupe, qu'elle avait ronde, charnue, haut placée, ferme et profondément fendue.

De son fauteuil, Sonia eut l'impression de voir s'allumer une petite lumière nouvelle, dans les yeux sombres de la catcheuse. Comme si elle avait deviné ce qui l'attendait et que la chose n'était pas pour lui déplaire…

La brune se planta tout à côté du fauteuil de l'Allemande, qui n'avait plus qu'à tendre légèrement la main pour vérifier si sa peau était aussi douce qu'elle le paraissait.

Ce qu'elle fit aussitôt, posant ses doigts au creux du genou de Sylvie, qui eut un léger frisson, mais ne chercha pas à se soustraire à ce contact.

– Tu as bien compris que, lors de la soirée dont je t'ai parlé, pour gagner la somme promise, il faudra payer de ta personne, murmura Sonia, avec sa légère pointe d'accent allemand. Et pas seulement avec les hommes : nous avons quelques amies qui apprécient beaucoup les jeunes catcheuses…

Sylvie eut une petite moue dubitative :

– Si c'est des vieilles de quarante ou cinquante ans, je dis pas que ça me dégoûterait pas un peu…

Elle eut un petit sourire et se rapprocha encore du bras du fauteuil, avant d'ajouter, dans un souffle :

– Mais si elles sont aussi belles que vous, vos amies, ça sera sans problème !

Sonia Schiele prit cela pour une invite à aller plus loin, ce qu'elle fit immédiatement.

Avançant le buste, elle déposa un léger baiser, presque chaste, sur le ventre plat et dur de Sylvie, à la lisière de sa petite forêt noire.

Elle allait se reculer, mais la catcheuse posa sa main droite sur sa nuque pour la retenir contre elle.

– J'aime bien quand on m'embrasse là… souffla-t-elle, la voix plus rauque.

« Décidément, songea Sonia, celle-là, je n'aurai pas besoin de la violer… »

Le feu aux joues, elle se leva de son fauteuil. Aussi blonde que l'autre était brune, les cheveux très courts, les seins menus et les hanches à peine marquées, elle avait un peu des allures de garçon manqué, quand on la regardait vite.

Mais sa bouche sensuelle, la délicatesse de son long cou, la grâce naturelle de ses gestes étaient typiquement féminines. De même que le feu qui embrasait son ventre.

Les deux femmes faisaient la même taille. Si bien que lorsque Sonia prit Sylvie par les épaules et l'attira contre elle, leurs bouches se joignirent tout naturellement.

Leur baiser fut long, passionné, presque violent. En même temps que leurs lèvres se fondaient, les mains des deux jeunes femmes partaient à la découverte du corps de l'autre. La tâche de Sonia était grandement facilitée par le fait que Sylvie était déjà entièrement nue.

Elle ne fut pas du tout surprise, glissant sa main entre ses cuisses nerveuses, de la découvrir déjà trempée de désir – et chaude comme l'enfer.

De son côté, Sylvie était parvenue à glisser ses mains dans la fente de la jupe vert olive que portait Sonia, et lui pétrissait les fesses avec ardeur et fièvre, par-dessus sa petite culotte de satin brodé.

De sa main restée libre, Sonia soupesait et malaxait les seins lourds et fermes de sa partenaire, passant de l'un à l'autre, en faisant rouler les pointes épaisses et bien érigées entre le pouce et l'index, ou les frottant contre sa paume.

Bientôt, ces petits jeux ne suffirent plus à l'Allemande. Elle se détacha brusquement de Sylvie et constata que son visage avait bien perdu de sa pâleur naturelle, sous le coup de fouet de l'excitation.

– Viens, on sera mieux à côté... souffla-t-elle, en la prenant par la main et en l'entraînant vers une porte située à droite de son bureau.

Derrière, Sylvie découvrit une sorte de petit salon dont près du tiers était occupé par un immense et profond canapé de velours jaune, envahi de coussins. Elle s'y laissa tomber de tout son long, s'installa face à à Sonia, posa ses talons sur le bord du canapé et ouvrit largement les cuisses, avec un sourire égrillard sur ses lèvres pulpeuses.

En savourant la vue imprenable qu'elle avait sur le buisson noir et touffu, tout emperlé de désir et laissant apercevoir de palpitantes moirures, l'Allemande sentit sa fièvre érotique monter encore de deux ou trois crans.

– Caresse-toi, ma chérie, souffla-t-elle en se débarrassant de son chemisier. Je ne connais rien de plus excitant qu'une belle petite salope en train de se branler...

Immédiatement, Sylvie laissa glisser sa main droite le long de son ventre plat et musclé, pour aller enfouir ses doigts dans les replis nacrés et soyeux de son intimité ruisselante. Sans quitter Sonia du regard.

Celle-ci eut vite fait de se retrouver nue à son tour. Les mains sur les hanches, elle pivota lentement sur elle-même, jouissant de l'admiration et du désir qu'elle lisait dans les yeux de la catcheuse.

Sonia Schiele se savait belle et admirablement proportionnée, avec ses petits seins haut perchés, aux délicates aréoles roses comme celles d'une jeune adolescente, ses hanches étroites, sa croupe menue et d'un galbe sublime, ainsi que le vaporeux triangle d'or pur qui soulignait délicatement la jonction de ses cuisses fines et longues.

– Viens ! Je n'en peux plus… haleta Sylvie, dont les doigts s'enfonçaient en elle de plus en plus fébrilement.

Sonia parcourut le faible espace qui la séparait du canapé où Sylvie s'étalait avec une superbe impudeur. Elle se laissa tomber sur la moquette, entre les cuisses ouvertes, et fut enivrée par le capiteux parfum qui s'exhalait du ventre ombreux de la belle catcheuse.

Lui enserrant les cuisses de ses bras, l'Allemande plongea ses lèvres au centre de ce fruit féminin qui s'ouvrait pour elle, provoquant un long gémissement de reconnaissance chez sa partenaire.

En même temps, sa croupe tendue vers l'arrière fut prise d'une ondulation hypnotique, comme si Sonia s'empalait sur un membre imaginaire.

Avant que les gémissements de Sylvie se transforment en cris de plaisir, Sonia décida de changer la figure, car elle voulait sa part du festin. Elle releva la tête.

Comme si elle comprenait d'instinct ce que Sonia avait dans l'idée – et sans doute le comprenait-elle, tant est puissante la loi du désir –, Sylvie s'étendit de tout son long sur le large canapé, les cuisses toujours ouvertes grand angle.

Aussitôt, Sonia se jeta sur elle, tête-bêche, et plongea de nouveau sa bouche avide dans l'intimité moite de la catcheuse, frottant ses petits seins contre son ventre.

Sylvie ne lui rendit pas tout de suite la politesse. Elle prit quelques secondes pour admirer le charmant tableau qui s'offrait, à quelques centimètres au-dessus de son visage. Cette croupe menue mais merveilleusement fendue, la toison blonde et diaphane qui ne cachait pas grand-chose des lèvres roses et humides qui se trouvaient à l'abri de cette fine fourrure. Et puis, un peu au-dessus, elle distinguait fort bien le petit œillet brun et plissé des reins de l'Allemande, auquel elle donna un petit coup de langue, comme par jeu.

Enfin, elle saisit les hanches de sa partenaire à pleines mains pour l'attirer vers elle, et plongea sa langue avide au milieu de la fournaise.

*

* *

Au moment où Sonia Schiele et sa nouvelle recrue se laissaient emporter par les tourbillons d'Éros, Marceau Sainpère pénétrait dans la chambre de Yolande Soliveau, que celle-ci ne quittait pratiquement pas de la journée. Le Boiteux poussait devant lui un petit chariot d'hôtel, sur lequel ne se trouvaient que des pâtisseries, des chocolats, des crèmes, des sucreries : un vrai cauchemar de diabétique.

Cela faisait des années déjà que Yolande Soliveau ne se nourrissait plus que de choses sucrées. Ce qui expliquait son extraordinaire obésité. L'ancienne catcheuse ignorait combien elle pouvait peser, vu qu'elle ne quittait plus sa propriété de la vallée de la Bièvre et qu'aucun pèse-personne « domestique » n'aurait supporté son phénoménal poids sans exploser immédiatement.

De toute façon, elle s'en fichait. La nourriture était le seul plaisir qui lui restait, elle ne voyait pas pourquoi, à près de soixante ans, elle devrait s'en priver.

Trente-cinq ans plus tôt, sous le superbe nom de Cruella (c'est elle qui le trouvait superbe...), elle avait été une reine incontestée. En tout cas dans le milieu assez restreint, surtout à l'époque, qui s'intéressait au catch féminin.

D'une très grande beauté, dotée d'un corps sculptural, elle avait sans cesse une véritable cour d'amoureux passionnés, et aussi quelques amoureuses.

D'un tempérament aussi accueillant que volcanique, elle ne les repoussait pas souvent…

Mais, à partir du moment où elle avait senti s'amoindrir ses capacités de combattante du ring, qu'elle avait vu sa beauté devenir un peu moins éclatante, son corps imperceptiblement s'alourdir, elle avait décroché. Trop fière pour ne pas s'éclipser en pleine gloire.

De toute façon, elle pouvait se permettre cette retraite anticipée. Grâce à Louis-Élias.

Louis-Élias Schwester était un homme de 80 ans, lorsqu'elle l'avait rencontré. Il les avait tout juste, même, puisque c'est précisément à l'occasion de son 80e anniversaire que deux de ses amis, plus jeunes que lui, avaient eu l'idée originale de l'entraîner voir son premier match de catch féminin. Sans se douter des conséquences que cela allait avoir.

Car Louis-Élias Schwester était tombé amoureux fou de Cruella, au premier coup d'œil qu'il avait jeté sur le ring. Amoureux à un point que seuls les jeunes adolescents et les grands vieillards sont capables d'atteindre, parce qu'ils n'ont pas encore ou n'ont plus la moindre barrière à opposer à leurs désirs.

Dès le lendemain, il avait carrément demandé à Yolande de l'épouser. En la faisant chercher après son show, par la Rolls crème et le chauffeur en grande livrée, pour l'amener dans son immense propriété de la vallée de la Bièvre.

Car Louis-Élias Schwester était immensément riche. Fortune établie à partir d'un honorable patrimoine familial et accrue dans des proportions hallucinantes sur les différentes places boursières des cinq continents. En épousant cet homme ayant déjà un pied dans la tombe, la belle catcheuse aurait réellement touché le jackpot.

Mais Yolande Soliveau ne s'intéressait absolument pas à l'argent. Le catch, les copains, les fêtes jusqu'au petit matin, les plaisirs du sexe : voilà ce qui comptait pour elle, tout le reste n'avait aucune réalité.

Elle avait donc, gentiment mais avec fermeté, repoussé les propositions maritales du vieux milliardaire, au grand étonnement de celui-ci, peu habitué à ce que l'on résiste à ses volontés.

Sa passion sénile pour Yolande s'en était accrue d'autant et il avait appris à se contenter de ce qu'elle lui offrait : deux heures de présence, chaque après-midi.

C'est ainsi que, durant quatre ans, chaque jour ou presque, à deux heures précises, la Rolls s'était arrêtée au bas de l'immeuble de brique rouge où vivait Yolande, à Colombes, pour l'emmener soit dans la vallée de la Bièvre, le week-end, soit dans la suite que Schwester louait à l'année, à l'hôtel George V.

Certains jours, quand elle était bien lunée,

Yolande se laissait un peu tripoter par son amoureux cacochyme. Dans ces cas-là, il pétrissait ses seins imposants, enfouissait son visage ridé entre eux, tandis que sa main sèche fourrageait dans le triangle brun, entre les cuisses musclées de sa « belle adorée », comme il avait accoutumé de l'appeler.

Une fois, une seule fois, Yolande avait consenti à plonger sa main dans le pantalon de Louis-Élias pour y saisir la pauvre chose molle et fripée qui y dormait.

Comme, malgré ses efforts et sa science érotique, elle n'avait pas réussi à la réveiller si peu que ce soit, les choses en étaient restées définitivement là.

Souvent, profitant qu'elle avait le dos tourné, ou s'était absentée dans la salle de bain, le vieillard glissait une liasse de grosses coupures dans son sac.

Liasse qu'elle lui rapportait immanquablement à sa visite du lendemain.

–Mais pourquoi est-ce que tu ne le gardes pas, cet argent ? pleurnichait alors Schwester.

La réponse de Yolande était toujours la même, faite d'une voix fière et tranquille :

–Je veux rester libre…

Au bout de ces quatre années de visites quotidiennes, une embolie pulmonaire avait tué le vieux milliardaire en moins de deux jours. Yolande Soliveau en avait ressenti un véritable chagrin, se rendant compte seulement alors qu'elle éprouvait une vraie tendresse pour cet homme qui l'avait installée sur un piédestal d'amour.

Son chagrin s'était coloré de stupeur, trois jours plus tard, lorsqu'elle avait appris, par Me Jugnard, notaire à Paris, que le défunt lui léguait sa propriété de la vallée de la Bièvre, et qu'il faisait obligation à ses héritiers, ses deux fils, de lui verser jusqu'à sa mort une pension de vingt mille euros (en valeur actuelle) mensuels, indexable sur le coût de vie.

Les deux fils Schwester avaient bien renaudé un peu, menacé d'une action en justice pour faire casser le testament. Mais Me Jugnard n'avait eu aucune peine à leur faire comprendre qu'ils n'avaient rigoureusement aucune chance d'y parvenir, et ils avaient laissé tomber.

Six mois plus tard, âgée de 32 ans, Yolande Soliveau descendait définitivement du ring et se retirait dans son immense propriété de Bièvre.

Dont, au moment où se déroule cette histoire, elle n'a plus franchi le mur d'enceinte depuis douze ans.

À partir du moment où elle n'était plus dans la lumière des projecteurs, portée par les hurlements d'enthousiasme des fanatiques de catch, Cruella redevenue Yolande s'était complètement laissée aller, se réfugiant dans la nourriture comme dans un paradis de douceur et de sucre.

Elle avait commencé à se déplacer de moins en moins, lorsqu'elle avait franchi la barre des cent kilos. Parce que ça lui devenait un peu plus pénible chaque jour, et aussi – mais cette raison-là elle ne l'invoquait jamais – parce qu'elle ne voulait pas qu'on la voie dans cet état, que d'anciens admirateurs se rendent compte de ce que la belle Cruella était devenue.

Elle avait fait, en quelques mois, avec une certaine brutalité, le vide autour d'elle.

Seul Marceau Sainpère était resté.

Lorsqu'elle se repassait le film de sa vie, Yolande Soliveau en arrivait toujours à la conclusion que, parmi tous les hommes qui s'étaient pressés autour d'elle en espérant ses faveurs, il n'y en avait que deux qui l'avaient réellement, profondément, sincèrement aimée. Le premier était bien entendu Louis-Élias Schwester.

Et le second, c'était Marceau Sainpère.

Il n'avait pas plus de 17 ans, lorsqu'il s'était pour la première fois présenté devant elle, à l'issue d'un match qu'elle venait de disputer – et bien entendu de perdre puisque, dans l'univers ultra-codifié du catch, Cruelle était une *heel*, une méchante, et ne pouvait donc qu'être vaincue.

Il était adorablement mignon, Marceau, à dix-sept ans : taillé en athlète, mais avec une figure de gamin déluré et émerveillé de tout.

De tout, et principalement d'elle.

Dès cette première rencontre, il n'avait nullement cherché à dissimuler l'adoration presque surnaturelle que lui inspirait la belle catcheuse, de presque dix ans son aînée.

À la fois flattée et amusée d'être ainsi idolâtrée, Yolande ne l'avait pas repoussé. Sans encourager ses violentes espérances, elle ne les avait pas formellement condamnées non plus.

Et Marceau s'était attaché à elle avec l'inconditionnelle fidélité d'un jeune chiot pour sa nouvelle maîtresse. Il s'était installé dans sa vie, sans rien en déranger, comme l'animal se love en boule dans le panier qu'on lui a désigné.

Pour ce qui est des rapports amoureux, et plus précisément sexuels, ils avaient bien entendu fini par se produire. Mais ils avaient lieu de loin en loin, très irrégulièrement, au gré des humeurs de Yolande, et toujours à son initiative.

C'était surtout lorsqu'elle avait du vague à l'âme, à cause d'un homme ou d'un autre. Ces soirs-là, le scénario était immuable. Yolande commençait par inviter Marceau en tête à tête dans un bon restaurant, et elle parlait seule pendant tout le dîner. Puis, elle décrétait qu'elle avait envie de danser et le jeune homme l'accompagnait dans une discothèque – établissement où, à cette époque, il était encore possible de « danser joue contre joue », selon le refrain de Charles Aznavour.

Enfin, au tout dernier moment, dans le taxi, elle ne donnait au chauffeur qu'une seule adresse, la sienne. Et Marceau, transi de bonheur, comprenait que, ce soir, il allait être autorisé à posséder sa déesse…

Lorsqu'ils s'étaient rencontrés, Marceau Sainpère s'entraînait dur pour devenir champion de boxe. Lorsqu'elle était allée assister à l'un de ses matches, Yolande Soliveau ne lui avait pas « doré la pilule », comme elle disait :

–Mon petit, si tu continues à t'entraîner jour et nuit, tu finiras sans doute par devenir un honnête boxeur… mais pas plus. Tu resteras toujours dans la grisaille. Tu ferais mieux, dès maintenant, de passer à autre chose.

Sur le coup, le jeune homme l'avait très mal pris. Au point de faire une chose qui ne devait plus jamais se reproduire ensuite : il était resté près de dix jours sans rendre une seule visite à Yolande Soliveau.

Finalement, il était revenu, penaud, plus amoureux que jamais, et avait rendu les armes :

–Si je ne peux pas devenir champion, qu'est-ce qu'il faudrait que je fasse, d'après vous ?

–J'ai dit que tu ne pouvais pas devenir champion *de boxe*, nuance ! avait répondu Yolande, avec une certaine tendresse dans la voix. Par contre, tu as tout ce qu'il faut pour devenir un superbe catcheur. Si tu me laisses te prendre en main, je t'assure qu'on ne va pas tarder à entendre parler de toi !

Se laisser prendre en main par la belle et célèbre Cruella ? Marceau ne demandait que cela. Il accepta tout et devint effectivement un catcheur à la notoriété grandissante, cultivant sans effort son *gimmick*[1]

1. Terme anglais servant à désigner l'ensemble des traits marquants d'un personnage, incarné par le catcheur.

personnel, celui de la brute taciturne et impassible.

Son ascension fut stoppée en plein vol, ce qui est précisément le cas de le dire : ayant été passé par-dessus les cordes par un adversaire, Marceau Sainpère s'était mal reçu de l'autre côté du ring et s'était brisé la hanche gauche.

Ce qui lui avait valu ensuite le surnom du Boiteux, dont il se serait bien passé, et avait arrêté net sa carrière de catcheur.

Il avait ensuite essayé de se faire organisateur de matches, mais, naturellement taciturne et refermé sur lui-même, il n'avait eu aucun succès dans ce domaine, où la « tchatche » et le faux brio sont les atouts les plus sûrs de la réussite.

C'est alors que Yolande Soliveau avait hérité la propriété de Bièvre et la rente conséquente allant avec.

– Tu viens t'installer avec moi, avait-elle annoncé à son soupirant le plus constant, sans même songer une seconde qu'il pourrait refuser. Tu seras mon intendant, mon maître d'hôtel, mon chauffeur, enfin tout, quoi ! Et on va s'organiser des matches de catch rien que pour nous. Pour leur montrer, à tous ces connards !

C'est ainsi que, depuis plus d'un quart de siècle, Marceau Sainpère n'avait plus quitté sa « déesse » une seule journée. À mesure qu'elle se transformait en le monstre de graisse qu'elle était aujourd'hui, le vide s'était fait autour d'elle. Mais Marceau, lui, était resté.

Et le plus étrange c'est qu'il était aussi amoureux qu'au premier jour. Pour lui, la Yolande Soliveau obèse et presque sexagénaire était demeurée la belle Cruella. Et il continuait de ressentir des frissons par tout le corps, lorsque par hasard leurs peaux se frôlaient.

En clair, Marceau Sainpère était parfaitement heureux de l'existence qu'il menait.

Il n'avait eu qu'une seule véritable inquiétude, trois ans plus tôt, lorsqu'avait fait irruption dans leur vie parfaitement réglée, la belle Sonia Schiele.

L'Allemande – mais parlant un français parfait – s'était présentée comme travaillant à un livre important sur le catch féminin, que lui avait commandé un éditeur de Hambourg, sa ville natale, ce type de spectacles étant bien plus populaire en Allemagne qu'en France.

Effectivement, il n'avait pas fallu longtemps à Yolande et Marceau pour s'apercevoir que Sonia connaissait très bien son sujet. Et l'ex-Cruella s'était prise d'une sorte de passion pour la jeune Allemande, elle qui n'avait pas toujours craché sur les amours saphiques. Cette passion était restée toute platonique, vu le délabrement physique de Yolande, mais elle n'en était pas moins forte.

Habilement, Marceau avait pris le parti de faire bonne figure à la nouvelle arrivante, d'éviter les conflits, tout en la surveillant de près, afin de pouvoir la discréditer au moindre faux pas qu'elle ferait.

Car, du livre pour l'éditeur de Hambourg, il n'avait bientôt plus été question. Sonia Schiele s'était rapidement retrouvée hôte permanent de la propriété, vivant des largesses de Yolande, pour qui l'argent n'avait pas plus d'importance que dans sa tumultueuse jeunesse.

Tandis que, pour l'Allemande, Marceau Sainpère en était persuadé, c'était le moteur principal. Elle était avide de gains et de richesse, ça se voyait dans son regard bleu, qui se faisait froid et fixe dès qu'il s'agissait d'affaires financières.

C'est Sonia Schiele qui, quelques mois après son installation, avait lancé l'idée des « soirées spéciales », au cours desquelles des invités triés sur le volet – et capables de payer le prix fort pour être admis – pourraient approcher de très très près de belles catcheuses complaisantes.

Elle avait assuré être capable de s'occuper de tous les détails matériels, et aussi de recruter les participantes. De fait, elle avait rondement mené son affaire et les « Spéciales » fonctionnaient à plein régime et sans anicroches.

Ç'avait du moins été le cas jusqu'à trois jours plus tôt. Là, soudain, la belle machine s'était emballée.

Lorsque Marceau Sainpère, en fouillant dans le sac de Corinne Joyon pour y reprendre l'argent, avait découvert le revolver et la carte de police de la jeune femme, un grand calme s'était fait en lui.

Avant même qu'il en ait totalement conscience, la décision de ce qu'il allait faire était déjà prise en lui. Et solidement ancrée.

Dès qu'il avait vu que cette soi-disant lutteuse appartenait en fait à la brigade des stupéfiants, il avait compris le danger. Elle s'était introduite chez eux afin de remonter une filière d'approvisionnement, de démanteler un réseau. Démantèlement qui, par une sorte de « dégât collatéral » risquait de faire littéralement exploser leurs petites vies bien réglées. Et surtout envoyer Yolande en prison, idée parfaitement insupportable à l'esprit du Boiteux.

Ce raisonnement avait été pour l'ancien catcheur une occasion supplémentaire de maudire Sonia Schiele. Car c'est elle qui avait insisté auprès de la maîtresse des lieux pour que la cocaïne soit disponible, lors des « Spéciales ». Avec une telle force de persuasion que Yolande, qui n'avait jamais touché de sa vie à ce genre de saloperie, avait fini par céder.

Naturellement, c'est l'Allemande qui s'occupait de tout l'aspect « logistique » de ce nouveau trafic, et il était hautement probable qu'elle y ait trouvé une source supplémentaire et juteuse de revenus…

Donc, dans un premier temps, il fallait se débarrasser de cette fille, occupée à prendre sa douche, après s'être battue dans le chocolat fondu.

Vite et bien.

Le plan de Marceau Sainpère était simple, dans sa brutalité : assommer la fille dès qu'elle se pointerait dans le vestiaire, la charger dans le coffre du 4 x 4, l'emmener dans un coin tranquille, suffisamment loin d'ici, et la tuer, avant d'abandonner le corps. La tuer comment ? Il verrait, il improviserait sur place…

Malheureusement, à partir du moment où Corinne Joyon avait surgi, tout était allé de travers.

D'abord parce que le Boiteux, trop sûr de sa force, trop confiant en je ne sais quelle supériorité masculine, avait négligé de se méfier de Corinne Joyon. Laquelle, non contente de ne pas paniquer, s'était sauvagement défendue, lorsque son adversaire avait essayé de lui régler son compte.

Et ce qui devait être au départ une mise hors circuit, rapide, propre et nette, avait tourné au combat de rue.

Comment son adversaire avait-elle, à un moment, basculé dans la cuve pleine de chocolat fondu ? Marceau Sainpère ne s'en souvenait pas. Ce qu'il se rappelait, en revanche, c'était le réflexe foudroyant qu'il avait eu.

Celui de maintenir la tête de Corinne Joyon sous la surface brune et crémeuse, jusqu'à ce qu'elle meure étouffée.

Ensuite, épuisé par sa lutte et tout de même choqué à l'idée qu'il venait de se métamorphoser en assassin, il avait décidé de s'accorder quelques heures de repos et d'attendre l'arrivée de Sylvain Chauvier, pour qu'il l'aide à transporter le corps –

sachant que le jeune homme ne pouvait rien lui refuser et que, son goût de l'argent étant si puissant, il ne songerait même pas à le faire.

Ensuite, tout s'était déroulé sans le moindre incident, et Marceau Sainpère s'était senti intensément soulagé, une fois de retour à la propriété.

Il avait choisi de ne rien révéler à Yolande Soliveau. Il était inutile de l'assombrir, de la contrarier avec ces désagréables questions « d'intendance »...

Une fois de plus, Marceau Sainpère avait choisi d'assumer tous les tracas seul, sans en dire un mot, sans rien en laisser paraître. Comme il l'avait toujours fait...

Il poussa le chariot du déjeuner jusqu'au lit, au bord duquel Yolande avait réussi à s'asseoir péniblement. Sans se soucier le moins du monde de ce qu'elle était entièrement nue.

Il y avait belle lurette qu'elle avait cessé de se gêner pour Marceau. Il était même le seul de qui elle pouvait tolérer qu'il contemple son corps monstrueusement déformé.

Par chance, malgré son obésité, Yolande jouissait d'une santé de fer. Mais il arrivait au Boiteux de se dire que, si jamais elle tombait sérieusement malade, elle préférerait à coup sûr se laisser mourir, plutôt que de devoir être examinée, palpée par un médecin inconnu.

–J'ai dormi comme une souche ! annonça triomphalement Yolande, avec un large sourire. Y avait longtemps que j'avais pas roupillé comme ça... Sonia est là ?

– Non, elle est à Paris, répondit calmement Marceau, tout en versant le chocolat crémeux et bouillant, dans le petit bol de porcelaine blanche. Elle avait une fille à tester, si j'ai bien compris...

Yolande haussa brusquement les épaules, ce qui fit trembloter la masse gélatineuse de ses seins énormes, dévalant le long de son ventre proéminent, débordant de chaque côté et posé sur ses cuisses, cachant complètement son sexe, qui semblait avoir complètement disparu sous ces multiples replis et amas graisseux.

Pourtant, c'est toujours avec les yeux de l'amour et de l'adoration que Marceau Sainpère la regardait. Ses yeux avaient le pouvoir de retrouver, enfouie dans ce corps monstrueux, la sublime Cruella de sa jeunesse.

Au lieu de se jeter sur les monceaux de pâtisseries du plateau, comme elle le faisait d'ordinaire, elle avança sa main vers lui et promena ses doigts boudinés sur le devant de son pantalon de grosse toile.

– Tu n'as pas envie d'une petite gâterie, ce matin ? minauda-t-elle, le regard en dessous.

Ça la prenait de temps en temps, quand elle était de bonne humeur comme ce matin, ce genre de « retour de flamme ». Dans ces cas-là, elle extrayait la verge lourde du pantalon de Marceau, commençait par le caresser d'une main qui avait su rester habile à ces petits jeux, avant de le faire jouir au fond de sa bouche – comme au bon vieux temps.

Sûre de ce qu'il allait accepter, Yolande avait déjà descendu la fermeture Éclair et plongé ses doigts dans l'ouverture ainsi ménagée.

– Tu l'as toujours aussi grosse, espèce de petit cochon ! roucoula-t-elle, en refermant ses doigts autour de la hampe encore assoupie.

Marceau Sainpère acceptait presque toujours la proposition, et même il en était heureux. Sous la langue agile de Yolande, il jouissait en général assez vite et puissamment, se déversant longuement au fond de sa gorge.

Aussi Yolande fut-elle très surprise, et peut-être même un peu inquiète de le voir repousser sa main loin de son sexe.

– Eh bien ? qu'est-ce qui t'arrive ? voulut-elle savoir. Tu es malade ? Tu as des soucis ?

D'une voix volontairement bourrue, afin de masquer son embarras, Marceau prétexta une réparation urgente, à faire sur la chaudière, à la cave.

Il pouvait difficilement lui dire pour quelle raison il ne se sentait pas l'esprit au badinage.

Parce que le corps sans vie et enduit de chocolat de Corinne Joyon dansait toujours devant ses yeux…

la [illegible] pour [illegible] de [illegible] comportait [illegible] de [illegible] qui avait [illegible] à [illegible] point [illegible] jour [illegible] de sa [illegible] son [illegible] temps.

Suite de ce qu'il [illegible] Yolande [illegible] de la [illegible] et [illegible] ses [illegible] dans [illegible] mélangées.

— [illegible] quelque [illegible] de [illegible] peut [illegible] elle [illegible] longs [illegible] chaque [illegible].

Marcel [illegible] la [illegible] Sous la [illegible] de Yolande, il [illegible] assez [illegible] au fond de sa gorge.

Aussi Yolande fut-elle très surprise [illegible] de la [illegible] sur la tête de son époux.

— Eh bien? [illegible] voulut-elle savoir. Tu es malade? [illegible]

D'une voix [illegible] afin de masquer son embarras, Marcel présenta une réparation [illegible].

Il pouvait difficilement lui dire, [illegible] ne se [illegible] pas [illegible].

Parce que le [illegible] de Corinne Joyce [illegible] yeux...

CHAPITRE IV

–Ah, c'est que la question est beaucoup moins simple qu'il n'y paraît, cher capitaine ! Attendez, je me rapproche un peu pour vous montrer ces graphiques…

Aimé Brichot commençait à comprendre de l'intérieur ce que peut ressentir une pauvre fille sans défense, face aux manœuvres trop pressantes d'un mâle déterminé à la croquer.

Car c'était manifestement l'intention qu'avait Madeleine Chauveau, dans le bureau de qui il se trouvait depuis une vingtaine de minutes, dans une petite rue située quelque part derrière l'église Saint-Augustin.

Bureau dont, cinq minutes plus tôt, elle était allée ostensiblement fermer la porte, avec un sourire gourmand à l'adresse du pauvre Brichot.

Madeleine Chauveau était responsable de la centralisation des achats chez *Moulin et Frères*, l'un des plus gros chocolatiers de France, dont la principale fabrique se trouvait dans la Nièvre, mais les bureaux ici, à Paris.

Suivant les instructions de Boris Corentin, Géraldine Hébert et lui avaient établi la liste des chocolatiers en gros, en se concentrant surtout sur ceux implantés en région parisienne ou pas trop loin d'elle.

– Pour que Corinne Joyon ait pu se noyer dans le chocolat, il a bien fallu qu'elle se trouve à un endroit où il y en avait une énorme quantité. Je serais surpris que ce chocolat, qui a servi à la tuer une fois fondu, ait été acheté tablette par tablette au Super U du coin ! Par conséquent, il faut commencer par faire le tour des grossistes et tâcher de savoir qui a vendu quoi à qui durant ces dernières semaines.

Tel avait été le raisonnement de Boris Corentin. Avec objection corollaire d'Aimé Brichot :

– Le problème, Boris, c'est que le chocolat n'est pas une denrée très périssable. Par conséquent, celui qui a servi à tuer Corinne Joyon peut très bien avoir été stocké par son meurtrier présumé pendant des mois…

Même Géraldine Hébert avait cru bon de contrer son « Grand chef », comme elle l'appelait, moitié par gentille ironie, moitié par réelle admiration :

– Et puis, on risque de se retrouver avec une liste de cent ou cent cinquante suspects potentiels : je nous vois mal aller demander à chacun si, par hasard, il n'aurait pas malencontreusement noyé une jeune fliquette de la brigade des stups dans son chocolat !

– Je sais, Petit bonhomme, je me suis déjà dit tout ça ! avait soupiré Corentin, un peu agacé de ces objections. Mais je vous ferai observer que la grande majorité des personnes qui achètent du chocolat *en gros*, c'est pour le revendre ensuite *au détail* ! Par conséquent, dans un premier temps, nous nous concentrerons sur les *particuliers* qui ont passé des commandes : il ne devrait quand même pas y en avoir tant que ça, je suppose...

Aimé Brichot ouvrait déjà la bouche pour une nouvelle remarque, mais Corentin le prit de vitesse :

– Je sais ce que tu vas dire, Mémé, je te connais comme si je t'avais fait, dit-il avec une certaine impatience : il est possible que le coupable *ne soit pas* un particulier, mais justement l'un des commerçants de détail que je viens d'éliminer d'un revers de main ! À quoi je te réponds : je le sais, mais je m'en fous, et on fait comme j'ai dit !

– Espérons au moins qu'on nous refilera des échantillons de chocolat mangeable... avait soupiré Géraldine, avant de se mettre au travail.

C'est ainsi qu'Aimé Brichot se retrouvait, en fin de matinée, coincé comme une bête au piège, dans le bureau de Madeleine Chauveau, de chez *Moulin et Frères*.

La responsable des ventes, Brichot devait le reconnaître – et c'était même plutôt flatteur pour lui –, était une femme d'une quarantaine d'années, grande, le corps généreux et un visage d'une beauté très classique, discrètement maquillé, encadré de cheveux blond cendré impeccablement coiffés.

Seulement, Aimé Brichot s'était toujours targué d'être un mari fidèle, et il avait presque toujours réussi à le demeurer. En plus, assez traditionnel en cela (« vieux jeu », se moquaient Rose et Colette, ses jumelles), il se méfiait des femmes qui se jettent « à la tête » des hommes, ça le refroidissait considérablement. Or, c'est précisément ce qu'avait fait Madeleine Chauveau dès qu'il était entré dans son bureau.

Sous prétexte, donc, de lui montrer les graphiques expliquant les ventes de chocolat aux divers détaillants, elle venait de s'asseoir tout contre lui, dans le petit canapé deux places qui se trouvait en vis-à-vis de son grand bureau laqué noir.

Dans le mouvement, la jupe de son tailleur anthracite était remontée très haut sur ses cuisses dorées, mais elle fit comme si elle ne s'en était pas aperçue.

De même qu'elle feignait d'ignorer que, en se penchant vers son visiteur comme elle le faisait à la moindre occasion, les pans de sa veste s'écartaient de son buste, dévoilant partiellement aux yeux de son interlocuteur une poitrine lourde mais ferme, maintenue par un soutien-gorge de dentelle noire qui en laissait toute la partie supérieure à nu.

Aimé Brichot sentait la chaleur de cette cuisse féminine se communiquer à la sienne. Et pas moyen d'y échapper : il était déjà tout tassé contre l'accoudoir.

C'est alors que le pire se produisit.

Sous prétexte d'attirer son attention sur un élément de graphique qu'il ne regardait même pas, ou alors très distraitement, Madeleine Chauveau se pencha un peu plus vers lui et la masse soyeuse et élastique de sa poitrine vint s'appuyer contre son bras.

Cette douce sensation, jointe à la chaleur féminine que diffusait sa cuisse, produisit un effet prévisible mais fort malencontreux.

Aimé Brichot entra en érection.

Sa première pensée fut qu'il avait eu grand tort, ce matin, d'enfiler un caleçon plutôt qu'un slip bien serré, et un pantalon de toile assez lâche à la place d'un jean.

De fait, il se retrouva rapidement nanti d'une sorte de mini-mât de Cocagne au bas du ventre. Protubérance incongrue dont Maleleine Chauveau pouvait difficilement ne pas remarquer l'apparition.

Ce qu'elle ne manqua pas de faire.

Elle devint subitement plus rose, ses yeux se mirent à briller, cependant qu'un sourire gourmand se dessinait sur ses lèvres pulpeuses et délicatement maquillées.

–Vous êtes un petit coquin, Monsieur l'inspecteur… murmura-t-elle, en passant un petit bout de langue rapide sur ses lèvres rouges.

Aimé Brichot eut l'impression de recevoir une violente décharge électrique, lorsque la paume de Madeleine Chauveau se posa sur son sexe.

Avant même que son cerveau en ait donné l'ordre à ses jambes, il était debout.

–Pardonnez-moi, Madame, mais il faut vraiment que j'y aille, maintenant, bafouilla-t-il, en se tenant curieusement penché en avant, à demi cassé en deux, pour tenter de dissimuler son intempestif promontoire.

De toute façon, se disait-il, ça ne servait à rien de s'attarder, puisque la responsable lui avait affirmé qu'ils ne vendaient jamais de chocolat en gros à des particuliers, mais seulement à des boutiques.

–Je vous recontacterai si j'ai besoin de renseignements supplémentaires, crut-il devoir ajouter, avant de s'enfuir comme un piteux.

Il était déjà à la porte, lorsque Madeleine Chauveau lui dit, sur un ton débordant d'espérance:

–Revenez plutôt après cinq heures, dans ce cas, quand les employés sont partis: nous serons beaucoup plus tranquilles pour discuter…

« C'est ça, compte là-dessus ! », songea Brichot en disparaissant du bureau.

Une fois dans l'antichambre, où travaillaient les deux assistantes de Madeleine Chauveau, sa gêne fut portée à son comble lorsqu'il constata :

1) qu'il bandait toujours,

2) que les jeunes femmes le regardaient avec un petit sourire à la fois moqueur et complice.

Aimé Brichot fut sur le trottoir avant même de comprendre comment il avait fait pour retrouver l'escalier. Là seulement, il put souffler un peu.

Et débander.

– On m'avait dit que le chocolat avait des vertus aphrodisiaques, mais à ce point-là… grommela-t-il dans sa moustache, à la grande stupéfaction de la vieille dame qui passait à sa hauteur, accrochée à la laisse d'un affreux roquet à poil dur.

En remontant la rue vers la station de métro toute proche, il se demanda si Boris Corentin et Géraldine Hébert, de leur côté, avaient été confrontés à des nymphomanes de l'envergure de Madeleine Chauveau.

Et, le pire, c'est qu'il lui restait encore une entreprise à visiter, avant de pouvoir rentrer au quai des Orfèvres. Il pria pour tomber sur un mâle hétérosexuel, histoire que l'entretien soit plus tranquille…

*

* *

Ni Boris Corentin ni Géraldine Hébert n'avaient eu à subir les assauts d'une responsable des ventes nymphomane. Géraldine s'était bien fait un peu draguer par un certain Cyrille Martignac, le sous-directeur de l'entreprise qu'elle avait été visiter du côté de Montreuil, mais c'était resté dans des limites décentes et supportables. Un genre de petite « drague réflexe », faite sans trop y penser.

Comme ils avaient tous les deux terminé plus tôt qu'Aimé Brichot, Boris Corentin avait donné rendez-vous à sa jeune coéquipière devant le 311 de la rue de Charenton, pratiquement à la porte du même nom.

– Qu'est-ce qu'on va branler là-bas ? s'était enquis Géraldine, son portable collé à l'oreille.

– Quelle distinction ! quelle élégance ! comme dirait Mémé, avait répondu Boris, que le parler de la jolie rouquine, contrairement à Aimé Brichot, avait tendance à amuser. C'est là que vivait Corinne Joyon, je te le rappelle : tu le saurais, Petit bonhomme, si tu prenais la peine d'étudier les dossiers des affaires dont tu as la charge !

– Oh ! ça va, Grand chef : fais pas ton grincheux ! Bon, admettons que j'aurais dû m'en souvenir… On va y faire quoi, au pied de l'immeuble de Corinne Joyon ?

– Je suis passé au commissariat du 12e pour qu'ils viennent lever les scellés et qu'ils me refilent la clé de son appartement, répondit Corentin. On va fouiner un peu, des fois que.

– OK, je suis à Montreuil, là… je pense que je serai sur place d'ici une vingtaine de minutes.

– Parfait, à tout de suite, Petit bonhomme !

Dix-huit minutes plus tard très précisément, Boris Corentin et Géraldine Hébert arrivèrent ensemble, chacun d'un bout de la rue de Charenton, devant le 311, un immeuble de deux étages, assez miteux.

– Je viens d'avoir le Ciat au téléphone, ils m'ont assuré que les scellés seraient levés quand nous arriverions, annonça Boris en s'engouffrant dans le petit couloir sombre. Tu viens ? C'est au deuxième sur rue…

L'escalier se trouvait tout de suite à gauche après les boîtes aux lettres, tandis que, en face, le couloir débouchait sur une petite cour, d'où parvenaient des cris d'enfants, s'interpellant dans une langue étrangère difficilement identifiable – en tout cas par Géraldine Hébert, dont le polyglottisme était loin de constituer le point fort.

Au deuxième étage se trouvaient deux portes, sans aucune indication quant aux occupants des appartements se trouvant derrière.

– C'est celle du bout, il y a encore des traces de scellés après la poignée, annonça Géraldine.

– Bravo pour le sens de l'observation ! Tu n'as jamais songé à faire carrière dans la police ?

– Vas-y, fous-toi de moi, Grand chef ! Continue à abuser de ta force et de ton petit pouvoir de macho !

Boris Corentin ouvrit la porte et les deux policiers pénétrèrent dans une pièce carrée, dont l'unique fenêtre, juste à gauche de la porte, donnait sur la cour intérieure. En face d'eux, une minuscule cuisine, peinte en vert acide ; un peu plus à droite une salle de bain tout aussi petite, mais peinte, elle, en vieux rose ; complètement à droite, la porte donnant sur la deuxième pièce, s'ouvrant par deux fenêtres sur la rue de Charenton. Meublée d'une armoire, d'un petit vaisselier, d'une table ronde et de quatre chaises, la première pièce servait visiblement de salle à manger.

Les murs en étaient nus, à l'exception d'une grande photo encadrée, juste en face de la porte d'entrée. Elle représentait deux jeunes femmes, toutes les deux blondes, serrées l'une contre l'autre dans une auto-tamponneuse d'un rouge rutilant. L'une des filles tenait le volant et riait aux éclats.

C'était Corinne Joyon.

– Ça fait drôle, quand même… murmura Géraldine, d'une voix un peu nouée, les yeux rivés à la photo. Elle a l'air si heureuse de vivre, si…

– Je te rappelle qu'on est là pour bosser et pas pour s'attendrir bêtement ! fit remarquer Boris Corentin, d'une voix sévère, limite tranchante.

Il avait vu des larmes scintiller dans les grands yeux émeraude de sa coéquipière, et il avait voulu l'aider à les refouler au plus vite.

– Je m'occupe d'inspecter cette pièce-ci, va donc fouiller l'autre ! ajouta-t-il, sur un ton plus doux, mais tout de même sans réplique.

Le ton du chef…

–J'y go, patron !

Géraldine Hébert avait retrouvé le sourire : le pic de la crise était passé.

Dès qu'elle eut disparu à côté, Corentin entreprit d'inspecter le contenu de l'armoire. C'était une armoire de fille, classique : pleine de fringues pas trop bien rangées, beaucoup de pulls de toutes les couleurs, trois paires de jean, une seule robe, une pile de tee-shirts, des sous-vêtements fonctionnels et confortables, d'autres nettement plus sexy…

Il allait ouvrir le premier des deux tiroirs, lorsque la voix excitée de Géraldine lui parvint :

–Grand chef, ramène un peu ta carrure d'athlète par ici : je crois bien que je tiens le bout d'un truc, là…

–Ça doit bien être la première fois que ça t'arrive, sourit Corentin, en déboulant dans la seconde pièce, qui faisait à la fois office de chambre et de bureau-bibliothèque.

Géraldine daigna sourire de cette fine allusion à son manque d'attirance pour le sexe masculin, ce qui fit apparaître la petite fossette de sa joue droite.

–Tu as trouvé quoi ? voulut savoir Boris.

Géraldine Hébert désigna l'écran de l'ordinateur – un modèle déjà ancien, presque antique – qu'elle venait de mettre sous tension.

–Il y a un fichier « agenda », là-dedans, et je l'ai ouvert, histoire de. Et regarde ce que j'ai trouvé…

Boris Corentin s'approcha du bureau croulant sous les papiers les plus divers et se pencha vers l'écran. Il lut une simple phrase de quelques mots, dans un caractère imitant l'écriture manuelle :

Penser à rappeler l'Allemande
à propos de demain soir

– Euh… oui, et alors ? fit Corentin, en se tournant vers sa coéquipière, les sourcils froncés. Je ne vois pas très bien ce que tu peux tirer de…

– Alors, là, Grand chef, c'est le début du ramollissement cérébral ! s'exclama Géraldine, pas mécontente de prendre son « Grand chef » en défaut. Regarde la date un peu : tu m'en diras des nouvelles…

Corentin reporta son attention sur l'écran et eut aussitôt un léger sursaut du buste.

Effectivement, Géraldine avait raison : c'était une découverte intéressante.

– 12 mars ! souffla-t-il. La veille du jour où Corinne Joyon est morte. Donc…

– Donc, enchaîna Géraldine, tout excitée, ça pourrait signifier, ça doit signifier que cette mystérieuse Allemande a quelque chose à voir avec ce qu'à fait Corinne Joyon dans la soirée où elle a été assassinée !

– Tu as raison, Petit Bonhomme : on tient sans doute « le bout d'un truc », comme tu le dis si bien, lorsque tu laisses enfin s'exprimer tes vrais désirs, ta nature profonde, au lieu de jouer les « féminophiles » pour faire ton intéressante…

Géraldine mit les poings sur ses hanches rondes et s'efforça de prendre un air indigné :

– Alors, celle-là, c'est la meilleure ! Je débloque cette enquête dans laquelle Môssieur Corentin serait encore en train de patauger minablement si on le laissait en plan avec son pauvre cerveau démuni, et voilà comment on me remercie ?

Géraldine allait continuer la diatribe dans le même style, mais, incapable de jouer le jeu plus longtemps, elle éclata de rire, aussitôt imité par Boris Corentin.

Pourtant, la seconde d'après, se rappelant brusquement où ils étaient, ils s'arrêtèrent net.

– Merde ! on est con, quand même… souffla Géraldine, avec un petit sourire gêné. Bon, on fait quoi avec cette fameuse « Allemande », Grand chef ?

Boris Corentin ne répondit rien et son sourire fit place à une mine plus tendue.

On en faisait quoi ? C'était tout le problème, justement…

CHAPITRE V

– D'abord, il faudrait savoir de quel chocolat vous me parlez *précisément*, cher Monsieur...

Aimé Brichot fut totalement pris au dépourvu par la question que venait de lui poser Étienne Battel, le responsable des ventes de la chocolaterie Cauchon, assis derrière son bureau, dans une pièce large et lumineuse, dont les deux fenêtres donnaient sur le parvis de La Défense.

C'était un homme d'une cinquantaine d'années, aux cheveux courts, artificiellement bronzé, légèrement bedonnant, ayant l'air très satisfait de lui-même, à en juger par le déplaisant petit sourire supérieur qui ne quittait que rarement ses lèvres trop molles.

Mais, au moins, il n'avait fait aucun « plan drague » à son visiteur...

– Co... Comment ça : quel chocolat ? Je vous ai dit qu'il s'agissait de chocolat noir et je...

– Ah ! mais c'est que ça ne suffit pas ! s'exclama

Étienne Battel, en levant les bras au plafond. Vous êtes tous les mêmes, vous autres, les néophytes…

Il plaqua violemment ses paumes sur le dessus du bureau, faisant légèrement sursauter Aimé Brichot, et se pencha vers lui, la lippe dédaigneuse :

– Sachez, cher Monsieur, que, contrairement à ce qu'un vain peuple pense, il y a autant de sorte de chocolats qu'il y a d'artistes pour le mettre au point, pour le réaliser, j'allais dire pour le *penser* !

Aimé Brichot s'efforça au calme. Le Battel commençait sérieusement à lui échauffer les oreilles, avec son petit ton supérieur, son « vain peuple » et ses expressions aussi pompeuses que ridicules.

Néanmoins, il s'agissait d'aller jusqu'au bout, voir si on pouvait en tirer quelque chose.

Car une idée avait commencé à se matérialiser dans son esprit, tandis qu'Étienne Battel continuait de pérorer avec ses ganaches, ses pâtes, ses cuissons, ses fèves, etc.

– Oui, bon, on s'en fout un peu, de tout ça, Monsieur Battel ! le coupa soudain Aimé Brichot, ayant repris du poil de la bête grâce à son idée.

Le responsable des ventes en devint muet, visiblement stupéfait qu'on puisse ne pas se passionner pour la moindre sentence sortant de sa bouche.

– J'ai une question courte et précise à vous poser, reprit Brichot, et j'aimerais que votre réponse soit aussi précise, et surtout, par pitié aussi courte !

– Bon, bon, je… Eh bien, je vous écoute…

bafouilla Battel, dompté d'un seul coup d'un seul.

–Si je vous faisais parvenir une très petite quantité de chocolat, seriez-vous capable de me dire s'il provient de chez vous ou non ?

Étienne Battel se redressa dans son fauteuil et son petit sourire supérieur revint flotter sur ses lèvres : il était de nouveau en terrain connu.

–Mais bien entendu, qu'est-ce que vous croyez ? Notre laboratoire se ferait fort de…

–Stop ! c'est tout ce que je voulais savoir, le coupa Brichot, qui avait compris comment il fallait manier la bête. Et, maintenant, une autre question. Subsidiaire, en quelque sorte : combien de temps cela vous prendrait-il ?

Battel prit la mine du gars qui se concentre, sourcils froncés, lèvres pincées, avant de répondre, toujours sur ce ton pontifiant qui exaspérait Aimé Brichot :

–Je pense qu'on devrait pouvoir faire ça en 48 heures, peut-être un peu moins. Mais pourquoi est-ce que vous voulez savoir ça ?

–Pour les besoins de mon enquête, répondit Brichot, un peu sèchement. Je vais vous faire parvenir des échantillons dans le courant de la journée : je compte sur vous pour activer les choses et veiller à ce que tout se passe le mieux possible. Il s'agit d'une affaire extrêmement importante.

–Bien, bien… bafouilla Étienne Battel, que le ton sans réplique de Brichot semblait avoir complètement maté. Je ferai pour le mieux…

Aimé Brichot prit congé rapidement et se retrouva sur le trottoir, au moment où une petite pluie fine et grise recommençait de tomber sur Paris.

Il n'avait plus qu'à filer à l'IML pour demander au docteur Flutiaux de collecter toutes les traces du chocolat trouvé sur et dans le corps de Corinne Joyon, et de les faire parvenir à Étienne Battel.

En espérant que les crânes d'œuf de son fameux laboratoire sauraient les faire « parler ».

*

* *

Caroline Renon lissa d'un revers de main machinal le justaucorps rouge vif qui moulait son corps sculptural comme une seconde peau, faisant ressortir le volume conséquent de sa poitrine ronde, libre de tout soutien-gorge. La tête légèrement penchée sur la gauche, les deux mains sur les hanches, elle s'observa d'un œil critique dans le grand miroir accroché au mur du fond du vestiaire de la salle d'entraînement où elle venait cinq fois par semaine.

Sous la peau dorée de ses bras nus, elle fit jouer ses muscles, qui répondirent à toutes les sollicitations de ses terminaisons nerveuses. Comme une mécanique de haute précision, impeccablement entretenue.

Et c'est exactement ce qu'était le corps de Caroline Renon : une mécanique de haute précision parfaitement entretenue, dont tous les rouages étaient soigneusement huilés, pour fournir le meilleur rendement possible, dans le domaine sportif où elle avait décidé qu'elle serait un jour la meilleure.

La lutte.

Lutte libre, lutte gréco-romaine, lutte féminine : à vingt-trois ans, la blonde athlétique pratiquait toutes les sortes de luttes existant, s'efforçant de passer sans cesse de l'une à l'autre, afin de les maîtriser toutes.

Caroline Renon continuait de détailler son corps dans le miroir, en s'efforçant de garder un œil objectif sur elle-même – un œil d'entraîneur.

Elle avait un vrai physique de lutteuse, pas de doute là-dessus. C'est-à-dire, contrairement à ce que les gens mal informés avaient tendance à croire, rien de commun avec ces monstrueuses montagnes de muscles hypertrophiés qu'étaient les adeptes du culturisme, hommes ou femmes.

Non, elle, Caroline, avait un corps musclé, bien sûr, sans un milligramme de graisse superflue, mais qui était resté fin et délié, presque longiligne. De même, malgré l'entraînement professionnel auquel elle s'astreignait, elle avait conservé des formes ô combien féminines : hanches évasées, ventre plat, poitrine volumineuse et ferme, épaules rondes. Sans parler de son visage, dont la bouche sensuelle et les grands yeux noisette faisaient tourner bien des têtes masculines, dans la rue, et aussi quelques regards féminins.

Caroline Renon s'écarta enfin du miroir, plutôt satisfaite de « l'état des lieux » qu'elle venait d'effectuer. Elle allait se débarrasser de son maillot de lutteuse libre – s'arrêtant à mi-cuisse, alors que ceux de gréco-romaine peuvent descendre jusqu'à la cheville –, afin d'aller prendre sa douche d'après entraînement, lorsque deux coups furent frappés à la porte du vestiaire.

Caroline fronça les sourcils, surprise : personne ne frappait jamais à la porte du vestiaire des filles. Les lutteuses entraient et sortaient en toute simplicité, quant aux lutteurs, ils savaient parfaitement que l'endroit leur était interdit.

– Euh… oui… ben, entrez ! bafouilla Caroline, un peu prise de court.

La porte s'ouvrit et la lutteuse vit apparaître la tête d'une très jolie rousse, aux yeux verts splendides derrière ses petites lunettes rondes à fine monture d'or.

– Mademoiselle Renon ? s'enquit la visiteuse, avec un sourire qui fit apparaître une petite fossette à sa joue droite.

– Oui… C'est moi…

– Vous êtes visible ? Je veux dire : par un homme ? demanda alors la visiteuse.

La question étonna encore plus Caroline, mais elle y répondit docilement :

–Bien sûr ! Du moment que j'ai mon maillot…

À peine eut-elle dit cela que la porte s'ouvrit en grand. La rousse apparut « en pied », suivi par un homme que Caroline trouva très beau, et surtout superbement taillé.

« Le physique d'un lutteur, songea-t-elle par réflexe. Et de grande classe, en plus. Mais qu'est-ce qu'ils me veulent, ces deux-là ? C'est qui, d'abord ? »

Elle eut immédiatement la réponse à sa dernière question muette, lorsque ses visiteurs se présentèrent, tout en exhibant leurs plaques de policiers.

–Commandant Boris Corentin, dit le beau gosse d'une voix agréablement grave. Et voici le lieutenant Géraldine Hébert. Nous aurions quelques questions à vous poser au sujet de… Mais il vaudrait mieux que nous nous asseyons quelque part : c'est possible ?

Boris Corentin se doutait du choc qu'il allait provoquer chez la jeune femme en lui annonçant la mort de Corinne Joyon et il se méfiait de ses réactions.

Trouver l'adresse de la salle où s'entraînait la jeune policière des Stups avait bien sûr été un jeu d'enfant. Mais, en y arrivant, et en rencontrant le patron des lieux, un ancien lutteur reconverti dans l'entraînement, Boris et Géraldine avaient compris que personne, dans son environnement sportif, n'était encore au courant de la mort de Corinne Joyon.

Ferdinand Cottard, le patron de la salle, avait eu l'air très affecté par la nouvelle. Lorsque Boris Corentin avait commencé à lui poser deux ou trois questions sur la jeune lieutenant, il l'avait arrêté tout de suite :

– Vous devriez plutôt voir Caroline pour ça : elles étaient assez copines, avec Corinne…

– Et on peut la joindre où, cette Caroline ? avait voulu savoir Géraldine Hébert.

– Vous avez de la chance, lui avait répondu Ferdinand Cottard, elle vient juste de finir son entraînement il n'y a pas cinq minutes. Vous la trouverez au vestiaire des filles, au fond de la salle… la porte verte…

Donc, à présent, il restait à accomplir une corvée à laquelle Boris Corentin n'avait jamais réussi à se faire complètement : annoncer à quelqu'un la disparition de l'un de ses proches. Par mort violente, qui plus est.

Caroline Renon les entraîna dans une sorte de recoin en longueur que faisait la pièce, et qui avait été aménagé en un rudimentaire et minuscule salon. Il y avait également un mini réfrigérateur et un four à micro-ondes.

– Alors, qu'est-ce que vous vouliez me dire ? s'enquit la jeune lutteuse, avec un sourire engageant.

Une minute plus tard, son sourire avait disparu,

ses yeux scintillaient des larmes qu'elle s'efforçait de refouler, se mordant la lèvre inférieure sans même s'en apercevoir. Par réflexe, elle vint se lover contre Géraldine, qui referma ses bras autour de ses épaules, en lui murmurant les paroles un peu bêtes, et surtout totalement inefficaces, que l'on prononce dans ce genre de situation.

– Vous étiez très amies, mademoiselle Joyon et vous ? demanda doucement Corentin, lorsqu'il eut l'impression que le pic de la crise était passé.

Caroline se laissa docilement conduire vers le petit canapé par Géraldine et s'y assit, avant de répondre :

– Non, pas plus que ça, en fait… On s'entendait bien, mais on ne se voyait pratiquement jamais en dehors d'ici. Des fois, on prenait un verre en sortant de l'entraînement, mais ça n'allait pas plus loin.

Caroline Renon haussa les épaules et ajouta, d'une voix déjà plus ferme :

– C'était une fille plutôt réservée, Corinne, vous savez. Tenez, un exemple : il m'a fallu plus d'un an pour apprendre – et encore, par hasard – qu'elle était flic et… oh ! pardon…

Géraldine eut un sourire pour lui signifier que ça n'avait pas d'importance et pour l'encourager à continuer.

– Pourtant, reprit Caroline, elle n'avait pas du tout honte de son métier, au contraire. Simplement, elle n'éprouvait pas le besoin de parler d'elle-même, c'est tout. Vous voyez, je serais incapable de vous dire si elle avait un petit copain ou non, des trucs comme ça…

Boris et Géraldine échangèrent un rapide regard navré. Apparemment, Caroline Renon risquait de ne pas leur être d'un grand secours…

– Est-ce que Corinne vous aurait parlé d'une Allemande, avec qui elle aurait été en relation ? demanda tout de même Corentin, sans trop y croire.

Et, effectivement :

– Non… ça ne me dit rien du tout… Je ne sais absolument pas qui elle voyait, en dehors d'ici…

Il fallait s'en douter…

– Elle est venue s'entraîner, ces jours derniers ? voulut savoir Géraldine Hébert. Je veux dire : dans les jours qui ont précédé sa mort…

Caroline Renon réfléchit quelques secondes, les yeux levés vers le plafond peint en jaune. Pour la première fois depuis le début de leur entretien, un petit sourire étira ses lèvres pulpeuses et brillantes.

– Oui, elle est passée jeudi, j'en suis certaine ! répondit-elle d'une voix catégorique.

– Qu'est-ce qui vous fait sourire ? demanda Boris Corentin, en scrutant le visage de la jeune femme.

– Oh rien, une connerie… répondit celle-ci. Ça ne vous intéressera pas…

– Dites toujours, l'encouragea Géraldine.

– Eh bien, figurez-vous qu'elle m'a demandé si je connaissais les règles… *du catch* ! Elle demandait ça très sérieusement, en plus ! Ça m'a fait rire…

–Qu'est-ce que ça a d'extraordinaire ? demanda Boris Corentin, un peu décontenancé.

Caroline Renon le dévisagea pour voir s'il ne se moquait pas d'elle, avec sa question.

–Mais enfin, vous ne vous rendez pas compte ? finit-elle par s'exclamer. Une lutteuse qui se met à s'intéresser au catch c'est… c'est… c'est comme si Marguerite Yourcenar avait brusquement décidé d'écrire des romans Harlequin ! Et au catch *féminin*, en plus ! Un truc pour gros beaufs obsédés, où les filles ne font même pas semblant de se battre et se contentent d'exhiber leurs culs et leurs nichons dégoulinant de boue ! Non, vraiment, je me suis demandé ce qui pouvait bien passer par la tête de Corinne, pour s'intéresser à des conneries pareilles…

–Dégoulinants de boue, avez-vous dit ? insista Boris Corentin, soudain très intéressé.

Caroline Renon haussa les épaules :

–Ben oui, quoi ! Ne me dites pas que vous ne savez pas ça tout de même ! Non content d'exhiber des pouffiasses à gros seins, le catch féminin les fait souvent s'affronter – enfin, quand je dis s'affronter… – dans la boue ! Il paraît que ça excite encore plus les mecs, moi je veux bien… Cela dit, c'est surtout aux Etats-Unis qu'on voit ce genre d'exhibitions pitoyables : en France ça reste beaucoup plus confidentiel.

Les deux policiers posèrent encore deux ou trois

questions à la lutteuse blonde, mais il devint vite évident qu'elle n'avait pas exagéré en prétendant ne presque rien connaître de la vie de Corinne Joyon.

Ils prirent donc rapidement congé de Caroline Renon et quittèrent la salle d'entraînement. Dehors, il tombait une pluie très fine et très froide.

– J'ai comme dans l'idée qu'on a fait chou blanc… murmura Géraldine Hébert, en s'engouffrant dans leur voiture de service, de l'eau plein ses lunettes.

– Eh bien, moi, j'ai plutôt dans l'idée qu'on a bien avancé, répliqua Corentin, en mettant le contact.

– Tu dis ça juste pour le plaisir de me contrarier et te foutre de moi, ou bien ?

– Essaie de faire fonctionner ce qui te sert de cerveau, Petit bonhomme ! répondit Boris dans un demi-sourire, tout en essayant de se dégager des deux voitures qui serraient la sienne, presque pare-chocs à pare-chocs.

– Je ne te promets rien, Grand chef, rigola Géraldine. Il est dans un tel état, le pauvre…

– Caroline Renon a eu l'air tout à fait stupéfaite qu'une lutteuse puisse s'abaisser à s'intéresser aux règles du catch, on est d'accord ?

– On l'est…

– Donc, on peut en déduire que Corinne Joyon devait avoir de sérieuses raisons pour ça, reprit Boris, qui avait enfin réussi à se dégager de sa place. Sûrement pas des raisons financières, puisqu'elle a un métier.

–Pas très bien payé, le métier... glissa Géraldine, avec un petit sourire en coin.

–Oui, bon... Il n'empêche que j'imagine mal une policière aller s'exhiber publiquement dans des combats truqués, pour se faire un peu d'argent de poche...

–Donc, on est dans l'impasse, conclut Géraldine, en allumant une cigarette, après avoir entrouvert la vitre.

–Justement, non. J'ai dit que je la voyais mal s'exhiber *publiquement* et pour des raisons *financières*. Mais Corinne Joyon a pu décider de participer à une réunion *privée*, et pour de tout autres raisons. Des raisons liées par exemple à son boulot, aux Stups. On nous a dit qu'elle était ambitieuse : elle a pu vouloir suivre une piste toute seule, pour en retirer tout le bénéfice si elle trouvait quelque chose...

Le visage de Géraldine s'éclaira soudain et ses yeux émeraude se mirent à crépiter d'excitation :

–Bien sûr ! Et, au lieu d'un combat de catch dans la boue, elle en aurait fait un...

–Dans le chocolat ! conclut Corentin. Bravo, je vois que tes neurones ont repris du service !

–Mais pourquoi est-ce qu'on l'aurait tuée ?

Le visage de Boris Corentin se fit plus sombre :

–Ça, c'est ce qu'il nous reste à savoir, précisément...

CHAPITRE VI

–Ondine, ma chérie, ça t'embêterait de venir me savonner le dos ?

En entendant la voix de la fille qu'elle venait d'affronter sur le ring moins d'un quart d'heure plus tôt, la blonde à l'aspect longiligne, presque frêle, leva ses yeux bleu pâle du magazine qu'elle était en train de feuilleter.

Elle avait pris sa douche juste avant Vanessa, qui, à présent, réclamait son concours, et s'était enveloppée dans un long peignoir rose.

–Tu fais chier, se plaignit-elle d'une voix traînante, ça va tout me remouiller !

–C'est bien la première fois que je t'entends te plaindre d'être mouillée, ma salope ! s'esclaffa la brune plantureuse, en ouvrant en grand le rideau de la douche.

Si Ondine ne s'appelait ainsi que lorsqu'elle passait les cordes du ring, Vanessa, elle, portait réellement ce prénom « dans le civil », ainsi qu'elle disait. En tout cas, elle aimait bien le faire croire…

Les deux catcheuses étaient amies, et même un peu plus que ça, lorsque la fantaisie les en prenait, bien qu'elles adorent les hommes toutes les deux.

Ce qui ne les empêchait pas de se livrer à des luttes terribles – en apparence – sur le ring, la brune et athlétique Vanessa jouant le rôle de la méchante prête à tous les coups bas, tandis que la blonde et fine Ondine endossait systématiquement celui de la gentille fille, un peu naïve à force d'honnêteté.

Ondine posa sur la chaise voisine le numéro de *Closer* qu'elle était occupée à feuilleter, se leva et se dirigea vers la cabine de douche où l'attendait Vanessa, entièrement nue bien sûr, le corps scintillant de mille gouttelettes d'eau qui dévalaient le long de ses épaules, de son orgueilleuse poitrine aux larges aréoles brunes, de son ventre plat et musclé, pour aller se perdre dans le buisson noir et touffu de son intimité.

–Tourne-toi, si tu veux que je te frotte le dos… ordonna Ondine, en saisissant la brosse aux poils rêches et au long manche de plastique dur.

–Tu devrais enlever ton peignoir, sinon il va être tout éclaboussé… murmura Vanessa, de cette étrange voix de gorge un peu rauque, comme voilée, dont son amie savait très bien ce qu'elle signifiait.

Ondine n'émit aucune objection et, après avoir dénoué la ceinture en tissu éponge rose, laissa le vêtement crouler à ses pieds, sur le carrelage humide.

Sans se gêner, Vanessa détailla avec des yeux gourmands, ce corps qu'elle connaissait pourtant par cœur. Vue de loin, ou regardée trop distraitement, Ondine pouvait paraître frêle, avec ses épaules saillantes, ses fesses et ses seins menus, ses cuisses fines, ses hanches étroites.

Elle avait également un visage allongé, une bouche petite mais bien dessinée et de grands yeux gris vert qui semblaient toujours pleins de lassitude. Sa tête était surmontée de cheveux blonds, coupés courts et impossibles à coiffer: on avait toujours l'impression qu'Ondine sortait du lit.

Mais, vue de plus près, ou mieux observée, on s'apercevait qu'elle était tout muscle, tout énergie, force. En plus, Vanessa adorait ses petits seins d'adolescente, dont les mamelons et les aréoles étaient restés d'un rose très tendre, ainsi que la fine bande de poils blonds qu'Ondine avait conservée, à la pointe supérieure de son sexe.

Comme Ondine le lui avait demandé, elle pivota sur elle-même pour lui tourner le dos, creusant complaisamment les reins pour faire saillir encore plus sa croupe plantureuse, ferme et profondément fendue.

–N'aie pas peur de frotter trop fort, souffla Vanessa: j'adore être étrillée…

–C'est normal, avec ton cul de jument! pouffa la

blonde, en commençant à frotter énergiquement les épaules et le haut du dos de sa copine.

Mais, sachant très bien ce que Vanessa avait derrière la tête, elle ne s'attarda pas très longtemps dans cette zone de son anatomie. Très vite les poils durs de la grosse brosse descendirent le long de la colonne vertébrale de la brune et atteignirent le renflement de sa croupe.

Aussitôt, Vanessa se cambra encore davantage et, prenant appuis des deux mains sur les carreaux de faïence de la douche, écarta les cuisses autant qu'elle pouvait, tendant ses fesses vers la brosse qui en frottait la peau veloutée avec toujours plus d'énergie.

Bientôt, Ondine cessa d'étriller la croupe marmoréenne et fit glisser la brosse entre les cuisses ouvertes de Vanessa. Dès que les poils rêches entrèrent en contact avec les siens, soyeux et bouclés, la catcheuse se mit à soupirer plus fort et son corps musclé commença à onduler lentement, comme au son d'une musique qu'elle aurait été seule à entendre.

– Viens ! implora-t-elle soudain, d'une voix essoufflée. Viens me rejoindre, j'ai envie de jouir avec toi !

Docile, Ondine pénétra à l'intérieur de la cabine de douche, sans cesser de frotter vigoureusement l'entrejambe de Vanessa, qui haletait littéralement.

Aussitôt la brune se retourna et enlaça la blonde,

plaqua ses lèvres sur les siennes, tandis que l'une de ses mains allait pétrir ses petites fesses dures. Comme elles faisaient sensiblement la même taille, leurs deux poitrines aux pointes dardées s'écrasèrent l'une sur l'autre, ajoutant encore à l'excitation qui s'était emparée d'elles.

– Eh ben ! toi qui ne voulais pas être mouillée, c'est réussi ! souffla Vanessa, qui venait de plonger ses doigts dans la fournaise intime et presque glabre d'Ondine, à la très visible satisfaction de celle-ci.

– Oh oui, branle-moi ! implora la blonde, la tête renversée en arrière. Baise-moi comme un homme !

À ce moment, un bruit métallique de tuyauterie se fit entendre, juste de l'autre côté de la cloison qui séparait les douches des filles du vestiaire masculin.

– À propos d'hommes, j'ai comme l'impression que le match du taureau et de l'ange vient de se terminer, murmura Vanessa avec une mine gourmande : c'est le bruit de leur douche qu'on entend, là…

Sur le ring, en effet, les deux filles avaient été remplacées par un combat d'hommes : *le Taureau furieux* (un « méchant ») contre *Gueule d'ange* (un « gentil »), plus simplement appelé l'ange, par les autres catcheurs.

– Et si on allait leur proposer de leur frotter le dos, à eux aussi ? suggéra Ondine, les yeux luisant de convoitise. Tu crois qu'ils nous vireraient ?

– Manquerait plus que ça ! s'exclama Vanessa, en

sortant de la cabine d'un petit bond léger. Allez enfile ton peignoir et amène ton cul de chaudasse : il y a deux bites à côté qui n'attendent que lui !

Elle avait toujours eu un langage très classe…

Le couloir était désert, ce qui fit que personne ne vit les deux catcheuses pénétrer rapidement dans le vestiaire réservé aux hommes. De toute façon, les eût-on surprises à le faire que personne n'y aurait trouvé à redire : on n'était pas très à cheval sur la moralité, dans le milieu du catch…

Lorsque Vanessa et Ondine refermèrent la porte derrière elles, les deux catcheurs étaient encore sous la douche (mais dans des cabines séparées, eux…), et elles pouvaient voir leurs silhouettes se découper à travers les rideaux de plastique translucides.

À cause du bruit de l'eau crépitante, aucun des deux n'avait entendu les deux filles entrer.

–Qu'est-ce qu'on fait ? On attend qu'ils aient fini ? demanda Ondine à mi-voix.

–Tu plaisantes j'espère ? se scandalisa Vanessa J'ai la chatte en feu, moi, je peux pas attendre qu'ils aient terminé de se pomponner. Du moment qu'ils ont la queue bien briquée, ça fera l'affaire !

Une vraie poétesse…

Elle marcha résolument vers les deux cabines contiguës et, prenant un rideau dans chaque main, elle les tira brusquement pour les faire coulisser sur leurs tringles métalliques.

Un même ahurissement incrédule se peignit sur le

visage des deux hommes. Qui, tout à leur étonnement, de voir surgir les deux filles, ne songèrent ni l'un ni l'autre à cacher ce qui pendait entre leurs cuisses.

–On se disait que vous aviez peut-être besoin qu'on vous frotte le dos, dit Vanessa en lançant un regard brûlant à l'un puis à l'autre.

–Ou de n'importe quel autre service, d'ailleurs... ajouta Ondine, qui semblait plus particulièrement fascinée par le surnommé Taureau furieux.

Tout comme elles, les deux catcheurs étaient très différents l'un de l'autre.

Gueule d'ange était un jeune homme de 25 ans, blond, au corps assez fin (fin pour un catcheur, bien sûr...) et nanti d'un étonnant visage d'aristocrate délicat et alangui qui, autour du ring, rendait les jeunes femmes – et les moins jeunes – folles d'amour.

Taureau furieux était son presque exact contraire. Il avait 37 ans mais en paraissait facilement dix de plus, à cause de ses cheveux gris et ras, de son visage buriné et profondément marqué par une ancienne acné rebelle. Il avait une bouche quasiment sans lèvres, de petits yeux noirs profondément enfoncées dans les orbites, des oreilles décollées, et sa tête semblait avoir été vissée directement sur son tronc.

Pourtant, nombreuses étaient les femmes qu'il faisait frissonner, lui aussi.

Mais ce n'était pas de l'amour qu'elle ressentait pour ce colosse au regard vide : c'était un désir primitif, sauvage, animal, instinctif, indiscutable. En face de Taureau furieux, toute femme redevenait une simple femelle réclamant la saillie. Enfin, pas toutes bien sûr, mais, parmi celles qui aimaient le catch, beaucoup.

Au physique, Taureau furieux ne volait pas son surnom. C'était une montagne de chair et de muscles, dont on se demandait comment il pouvait trouver des vêtements adaptés à sa morphologie bestiale.

Et puis, surtout, quand il était sur le ring, il y avait cette énorme bosse, dans son short rouge sang, que même la spectatrice la plus distraite ne pouvait faire autrement que de remarquer.

Justement, Ondine était en train de se dire que, sans le short, c'était encore plus incroyable.

Ça lui faisait presque peur, cette énorme trompe brune, épaisse, veinée, noueuse, qui lui tombait quasiment à mi-cuisse, alors qu'elle était au complet repos.

La pensée lui traversa l'esprit que, lorsqu'il entrait en érection, Taureau furieux devait avoir quasiment la moitié de son sang dans son sexe, et cela la fit sourire.

–Mais enfin, qu'est-ce que vous fichez là, les filles ? finit par demander l'ange.

–Comme si tu ne l'avais pas déjà compris… murmura Vanessa, en effleurant du bout des doigts son torse musclé et ruisselant d'eau chaude.

– J'crois qu'elles ont dans l'idée de s'en prendre plein le cul, déclara le taureau en toute simplicité.

Et, tandis qu'il prononçait cette courte phrase (mais longue pour lui), toute en poésie et en délicatesse, son sexe avait commencé de s'ériger.

C'était un spectacle si étrange que les autres le contemplaient, muets et fascinés, y compris l'ange qui n'avait pourtant aucun penchant homo.

La trompe noueuse et brune, déjà longue et épaisse au repos, était en train de se déplier lentement telle une canne télescopique, de s'élever vers l'horizontale, de se gonfler comme un ballon de fête foraine.

Lorsque le processus fut achevé, Vanessa se dit que ce sexe devait faire dans les vingt-cinq centimètres de long et avait à peu près le volume de son poignet. Quant à l'énorme champignon violine qui terminait cette matraque de chair, il faisait presque peur.

– Eh ben… T'attends quoi ? grommela le taureau, en donnant un petit coup de ventre vers l'avant, en direction d'Ondine. On va pas y passer la nuit, j'ai aut'chose à foutre, moi…

Un poète de race, un grand amoureux romantique…

Ondine ne se le fit pas dire deux fois. Depuis une minute, elle contemplait cette verge surdimensionnée avec un mélange de convoitise et d'appréhension.

Mais, plus les secondes s'égrenaient, plus la convoitise l'emportait sur l'autre...

Elle saisit l'énorme membre à deux mains, afin d'en éprouver la dureté et le grain de la peau distendue.

– Serre plus fort quand tu branles, ordonna le taureau, dont le visage épais ne trahissait pas la moindre émotion. Et fais-moi les couilles, en même temps !

Domptée, femelle docile, Ondine lâcha d'une main le membre dont ses doigts ne faisaient pas entièrement le tour et la faufila entre les cuisses musculeuses du catcheur, pour saisir l'énorme sac de peau qui s'y trouvait niché.

Bientôt, n'y tenant plus, la blonde se laissa tomber à genoux sur le carrelage mouillé et approcha sa bouche du sceptre royal qu'elle manipulait avec vigueur, comme il lui avait été demandé par le taureau.

Elle dut écarquiller les lèvres au maximum, afin de faire coulisser le sexe énorme jusqu'au fond de sa gorge. Encore n'en prit-elle que le tiers.

Cependant, de leur côté, Vanessa et l'ange n'étaient pas restés inactifs. La plantureuse brune s'était rapidement débarrassée de son peignoir, pour apparaître entièrement nue, superbe, aux yeux clairs de l'ange, qui avait paru tout à fait enchanté du programme qui se dessinait.

Une vraie aubaine, l'irruption de ces deux nanas en chaleur dans leur vestiaire...

Il l'avait saisie par ses hanches larges et attirée contre lui. Il avait commencé par l'embrasser longuement, en lui caressant virilement le dos et les fesses.

Lui, contrairement au taureau, avait la prétention d'être un vrai gentleman avec les femmes. Et il était bien certain que, par comparaison avec l'autre...

Gentleman ou pas, il en eut vite assez de ces « mignardises ». Pesant sur les épaules de sa partenaire, il lui fit comprendre qu'il aimerait bien qu'elle se décide à suivre l'excellent exemple donné par sa copine...

Vanessa reçut le message cinq sur cinq et se laissa tomber à genoux sur le carrelage. Par comparaison avec ce qui jaillissait au bas du ventre du taureau, le sexe raide et tendu de l'ange lui parut décevant, presque petit, alors qu'il était en réalité de fort honnête taille.

Elle ne l'en prit pas moins goulûment entre ses lèvres pulpeuses, tandis que ses mains allaient caresser et pétrir les fesses musclées de l'ange.

C'était son péché mignon, à Vanessa, les belles fesses d'homme...

C'est au moment où le membre palpitant venait buter au fond de sa gorge qu'Ondine poussa un cri, aussitôt suivi d'une protestation :

–Non, arrête ! tu vas me bousiller la chatte avec ton énorme machin ! Je ne peux pas le prendre !

–Faudra bien qu'ça rentre, pourtant, répondit le taureau sans s'émouvoir plus que ça.

Du coin de l'œil, sans cesser de pomper avidement la verge qui palpitait entre ses lèvres, Vanessa enregistra la scène. Le taureau avait fait placer Ondine à quatre pattes, les fesses surélevées, les cuisses bien ouvertes. Puis, il l'avait empoignée solidement par les hanches et l'avait embrochée comme un vulgaire poulet.

D'où le cri de douleur de la catcheuse, pas habituée à des calibres de cet ordre.

De là qu'elle se trouvait, Vanessa pouvait voir le sexe délicat de sa copine, qu'elle avait si souvent manipulé, léché, tellement distendu par le membre phénoménal qu'il ne formait plus qu'un anneau de chair autour de lui.

C'est vrai qu'elle avait dû le sentir passer, Ondine, même si, il fallait le reconnaître, le taureau s'était montré plutôt délicat et attentif – ou, du moins, pas aussi brute qu'on aurait pu le craindre de sa part.

Mais le plus dur semblait fait. Les chairs élastiques s'adaptant à la condition qui leur était faite, la blonde commençait même à onduler des hanches et à émettre des petits soupirs brefs, qui prouvaient que la douleur initiale avait été remplacée par des sensations nettement plus agréables – ce qui était tout de même le but recherché.

Le spectacle d'Ondine se faisant pénétrer par ce sexe disproportionné agit sur Vanessa comme un surmultiplicateur de son propre désir.

Elle se plaça dans la même position qu'était Ondine et, tournant la tête derrière ordonna à l'ange :

– Vas-y, baise-moi à fond ! Enfile-moi autant que tu peux et en sauvage, s'il te plaît !

Son partenaire ne se fit pas prier. Son membre fièrement dressé, il s'agenouilla derrière Vanessa et se colla à sa croupe plantureuse.

Son membre se fraya un chemin à travers l'abondante forêt de poils noirs et s'engloutit d'une seule poussée des reins, dans les profondeurs étroites.

C'est à ce moment que la porte de la salle de douche s'ouvrit toute grande.

*

* *

Le bonhomme bourru et mal rasé, qui se tenait dans une petite cage de verre et de tôle, à droite de l'entrée de la petite salle des sports, avait été catégorique lorsque Sonia Schiele lui avait demandé si Vanessa et Ondine étaient encore là :

– A sont au vestiaire, probable... vu que leur combat est fini depuis au moins une demi-heure...

– Vous êtes certain qu'elles ne sont pas déjà parties ? avait insisté l'Allemande.

Le type avait passé son mégot de « roulée » de sa commissure droite à la gauche:

–Et comment qu'a z'auraient fait? Aurait fallu qu'a passent ici et chuis pas sorti de l'auberge de la soirée, alors… forcément j'les aurais vues!

Bien sûr, vu comme ça…

Sonia Schiele se dirigea donc vers le vestiaire des filles, bien contente de pouvoir y trouver les deux catcheuses, qu'elle avait repérées depuis déjà quelques semaines.

Et qu'elle comptait essayer de recruter pour la prochaine soirée « spéciale »…

Son flair lui disait que ces deux filles ne devaient pas cracher sur de l'argent rapidement et facilement gagné. Et elle ne les sentait pas spécialement farouches, côté sexe…

L'Allemande ouvrit la porte du vestiaire sans frapper, comme à son habitude: il y avait tellement de temps qu'elle fréquentait les salles de sport, qu'elle avait l'impression d'être chez elle dans à peu près toutes.

Elle fut surprise et décontenancée de découvrir la petite pièce complètement vide. Pourtant, le gardien au mégot avait eu l'air vraiment sûr de lui. Ou alors, elles étaient peut-être retournées dans la salle, pour assister aux exhibitions suivantes…

Oui, ça devait être ça.

Sonia Schiele décida d'emprunter le petit couloir en principe réservé aux catcheurs, pour pas avoir à repasser devant la guérite du gardien.

En arrivant à hauteur du vestiaire des hommes, elle fut très surprise d'entendre un petit cri, suivi d'une phrase prononcée par une voix féminine, et d'une autre dite par un homme.

Qu'est-ce qui se tramait, là-dedans ?

Sans prendre la peine de frapper, l'Allemande ouvrit la porte en grand. Le tableau qu'elle découvrit valait le coup d'œil et son regard clair se mit à briller d'un éclat neuf.

Les deux filles qu'elle était précisément venue rencontrer, Vanessa et Ondine, se trouvaient là, à quatre pattes sur le carrelage du coin des douches.

À en juger par ce qu'elles semblaient subir avec beaucoup de plaisir, Sonia se dit que ça ne serait sans doute pas très compliqué de les convaincre de participer « activement » à une prochaine Spéciale…

En effet, chacune des deux jeunes femmes se faisait prendre vigoureusement par un catcheur, qui allait et venait de plus en plus vite dans son ventre.

La blonde encaissait même les coups d'un calibre tel que Sonia – peu experte en matière d'hommes, il est vrai – n'en avait encore jamais vu.

En la voyant surgir dans leur vestiaire, les deux étalons cessèrent tout mouvement, avec un bel ensemble, arrachant un petit gémissement de protestation à Vanessa. Mais Sonia les mit à l'aise par un radieux sourire.

– Je vous en prie, ne vous dérangez pas pour moi, murmura-t-elle, d'une voix parfaitement naturelle, presque mondaine. J'attendrai que vous ayez fini…

Puis, voyant que les deux catcheurs avaient du mal à se remettre de leur surprise, elle tapota dans ses mains et ajouta, sur un ton plus ferme :

– Allons, Messieurs, reprenons !

Du coup, sans paraître se rendre compte du côté un peu surréaliste de la scène qu'ils étaient en train de vivre, l'ange et le taureau se remirent à besogner leurs partenaires… pour le plus grand plaisir de celles-ci – plaisir qu'elles manifestaient de plus en plus bruyamment, à mesure que les coups de verge s'accéléraient.

Sonia s'était posément assise sur une chaise, à moins de deux mètres des deux couples et observait la scène avec beaucoup d'intérêt. En fait, c'était plutôt les deux filles qu'elle examinait, d'un œil quasiment professionnel.

Leur anatomie, leur souplesse, l'ardeur de leurs coups de reins, leurs réactions au plaisir qui montait en elles : rien n'échappait au coup d'œil de l'Allemande.

Vanessa, la brune, la rendait enthousiaste, à tous points de vue. C'était exactement le genre de filles que les participants aux Spéciales adoraient : pulpeuse, chaude, ardente, pas compliquée, et surtout démonstrative dans le plaisir, ce qui valorisait ces messieurs…

L'autre, la blonde, emballait moins Sonia Schiele, mais elle ferait très bien faire l'affaire tout de même. Si elle pouvait décider les deux, sa prochaine soirée spéciale était dans la poche. Il ne lui resterait plus, ensuite, qu'à régler la question de l'approvisionnement en cocaïne.

La partie de loin la plus lucrative de son « job », grâce à la différence entre le prix auquel elle achetait la drogue et celui qu'elle facturait à Yolande Soliveau.

Les deux catcheurs jouirent pratiquement en même temps, se déversant à longs jets brûlants dans le ventre palpitant de leurs partenaires respectives, lesquelles haletaient comme des soufflets de forge, les yeux noyés dans le plaisir qui les faisait trembler de tout leur corps.

Lorsque le taureau se retira d'Ondine pour se relever, l'Allemande fut vraiment estomaquée par la longueur et la grosseur de son membre.

« *Mein Gott* ! Comment une fille peut-elle se prendre un machin pareil dans la chatte ? songea-t-elle, avec une petite moue de dégoût, devant l'engin énorme, rouge et luisant. Ça doit faire un mal atroce ! »

Mais le sourire extatique d'Ondine, écroulée à plat ventre sur le carrelage, le corps encore parcouru de petits frissons, disait exactement le contraire…

Sonia, à présent, avait hâte d'en venir à l'objet de

sa visite ici et elle n'hésita pas à brusquer un peu les choses :

– Bon, les filles, maintenant que vous vous êtes bien envoyées en l'air, on pourrait peut-être repasser à côté, non ? J'ai une proposition intéressante à vous faire…

Elle se tourna vers les deux catcheurs, encore rouges et soufflant de l'effort qu'ils venaient de fournir et du plaisir qui s'en était suivi :

– Vous permettez que je vous les enlève, n'est-ce pas, Messieurs ?

Elle comprit, à leurs mimiques que, comme tous les hommes qui viennent de se vider, ils n'en avaient à peu près rien à faire. Ça devait même les arranger un peu, *quelque part*, de voir ces deux filles disparaître comme elles étaient venues : dispensés de la conversation « d'après »…

Sans même chercher à savoir ce que l'Allemande leur voulait, en filles pas très malignes habituées à obéir sans bien comprendre, Vanessa et Ondine s'enveloppèrent dans leurs peignoirs et suivirent Sonia Schiele jusqu'au vestiaire voisin. Non sans un sourire et un petit geste de la main, en direction des deux catcheurs…

Compte tenu de la manière un peu inhabituelle dont elle avait abordé les deux filles, et de la position plutôt scabreuse où elle les avait trouvées, Sonia décida de ne pas s'embarrasser des habituelles précautions oratoires.

En quelques phrases simples et directes, presque crues, elle leur exposa ce qu'elle espérait d'elles et leur indiqua ce qu'elles auraient à y gagner.

À mesure qu'elle parlait, elle voyait les yeux de Vanessa se mettre à briller d'un éclat plus vif, alors que le visage d'Ondine se fermait de plus en plus.

Effectivement, lorsque Sonia leur demanda ce qu'elles en pensaient, la blonde répondit d'un ton net :

– Pas question : on n'est pas des putes ! Et y a que les putes qui se font baiser pour du fric.

Mais Vanessa intervint aussitôt, s'adressant à sa copine sur un ton doucereux, qui se voulait persuasif :

– Voyons, Ondine, tu ne peux pas dire ça ! Il faut toujours que tu exagères ! tu ne vois que le côté négatif des choses. Des putes, des putes : c'est vite dit, ça !

Vanessa s'adressa ensuite à Sonia Schiele, comme si elle cherchait un appui auprès d'elle :

– En fait, c'est en tant que catcheuses que vous êtes venue nous chercher, on est bien d'accord ? Ensuite, après notre match, on fait en quelque sorte les hôtesses, histoire de mettre de l'ambiance. Et si jamais quelqu'un nous plaît dans vos invités, un homme ou une femme, on couche avec et on n'en fait pas une maladie…

Désireuse de lever dès le départ tous les malentendus, Sonia rectifia gentiment mais clairement le tir :

–C'est presque ça… sauf que c'est exactement l'inverse : si *vous* plaisez à l'un des invités, *vous* faites avec lui ce qu'il a envie de faire.

Vanessa eut un petit sourire et, après un regard furtif et de biais en direction de sa copine, ajouta d'une voix moins forte, à peine audible :

–Oui, enfin, bon… c'est à peu près la même chose, non ? En tout cas, je m'excuse, mais c'est certainement pas ça qui va faire de nous des putes !

–Bien sûr que non, voyons ! crut bon d'appuyer l'Allemande. Vous êtes des filles qui aiment s'éclater, c'est tout. Et si, en plus, ça peut rapporter un joli paquet d'euros, vous seriez bien bêtes de ne pas le prendre…

–Voilà ! C'est exactement ma façon de voir ! s'exclama Vanessa, toute heureuse de l'alibi moral que Sonia fournissait à son hypocrisie.

Mais Ondine ne se laissa pas fléchir.

–Écoute, Vane, dit-elle d'une voix ferme, tu fais ce que tu veux, c'est certainement pas moi qui te jugerai. Mais pour moi, c'est *niet* : vous aurez beau essayer de m'embrouiller avec vos discours et vos raisonnements tordus, j'aurais quand même la sensation de me conduire en pute. Bon, de toute façon, je vais m'habiller : il est l'heure que je file…

Les deux femmes attendirent qu'Ondine soit habillée avant de se mettre à « parler affaires », comme venait de dire Vanessa en se rengorgeant.

Avant de partir, Ondine vint embrasser sa copine

au coin des lèvres et, avec un petit sourire mélancolique, lui murmura à l'oreille :

–Réfléchis bien quand même : on ne sait jamais sur quel genre de malades on tombe…

Et, sans attendre de réponse, elle fila vers la porte du vestiaire, derrière laquelle elle disparut.

–C'est dommage qu'elle se soit dégonflée, soupira Sonia Schiele : vous devez faire un duo magnifique, toutes les deux. Jamais vu de catcheuses aller si bien ensemble, se compléter aussi magnifiquement.

Toujours dorer la pilule à sa victime : ça permet de la dévorer plus facilement, après…

–D'un autre côté, elle n'a pas forcément tort, Ondine, dit alors Vanessa, sur un petit ton hypocrite. C'est vrai qu'il s'agit quand même de se faire sauter par n'importe qui… On doit tout de même y réfléchir…

–Pas par n'importe qui, rectifia un peu durement Sonia Schiele, en la regardant droit dans les yeux. Nos invités sont triés sur le volet et sont tous des gens raffinés… et souvent riches et influents. C'est une occasion unique de faire des rencontres intéressantes…

L'Allemande n'ajouta pas « pour une fille comme toi », mais c'était quasiment sous-entendu. Une nuance qui échappa au cerveau assez primaire de Vanessa qui, de toute façon, était plongée dans un autre type de raisonnement.

Elle avança un pion supplémentaire avec l'impression de le faire très subtilement :

– Oui, oui, bien sûr… N'empêche qu'Ondine a pas tout à fait tort : c'est quand même accepter de faire la pute. C'est un sacré truc pour des filles honnêtes comme nous… Ça demande, je sais pas moi… une vraie compensation… Qu'on puisse se dire que ça valait vraiment le coup…

Sonia retint le sourire de pitié qui lui montait aux lèvres : cette pauvre fille faisait tout ça pour essayer de grappiller cent ou cent cinquante euros de plus, point barre.

Cette somme dérisoire, Sonia Schiele aurait parfaitement pu la lui accorder, mais ç'aurait été autant de moins sur sa commission à elle – commission dont elle connaissait seule l'existence : elle « facturait » chaque fille mille huit cents euros à Yolande et ne versait que mille aux catcheuses – le reste allant dans sa poche.

Et puis, c'était une affaire de principes : c'était elle la patronne, il n'y avait pas à transiger.

Elle avait compris que si Vanessa cherchait à obtenir une petite rallonge, c'est que, mentalement, elle avait déjà accepté de venir à la Spéciale.

Donc, elle pouvait se permettre de jouer avec elle au chat et à la souris. De la faire un peu mariner.

Elle se leva brusquement et toisa Vanessa :

– Très bien, puisque tu hésites, il n'y a rien de fait. Je repasserai ici dans deux jours, à la même heure pour avoir ta réponse définitive. Si je n'ai pas trouvé une autre fille d'ici là, évidemment.

En se dirigeant vers la porte du vestiaire, Sonia Schiele était déjà en train de calculer mentalement que, dans quarante-huit heures, lorsqu'elle reviendrait, elle pourrait même faire jouer une concurrence imaginaire et avoir cette idiote cupide pour sept cents seulement.

Toujours ça de gagné.

Vanessa la rattrapa à la porte et l'agrippa par le bras :

– Eh ! attendez, quoi ! On peut discuter, y a rien de mal à ça ! Moi, ce que j'en disais, c'était pour qu'on soit bien d'accord sur tout. Mais, en fait, elle me branche bien, votre idée de soirée. Non, c'est vrai, je suis d'accord…

– Ce qui est dit est dit, trancha Sonia, implacable : tu as deux jours de plus pour y penser. Je serai là après-demain à la même heure, comme j'ai dit. D'ici là, je vais tâcher de trouver quelqu'un d'un peu plus sûr que toi…

Et l'Allemande quitta le vestiaire en étant sûre que Vanessa était à sa botte, et qu'elle le serait encore plus dans quarante-huit heures.

Pour quasiment n'importe quel prix.

Chapitre VII

–C'est insupportable, cette chaleur ! Si ça continue, je vais finir par tourner de l'œil, moi…

Boris Corentin tourna la tête vers Géraldine Hébert, assise à sa droite, pour voir si elle plaisantait ou non. Effectivement, elle était plutôt pâlichonne, et de fines gouttelettes de transpiration irisaient sa lèvre supérieure.

Il faut dire qu'il faisait effectivement une chaleur de bête, au gymnase Marcel-Cerdan de Levallois-Perret, où se déroulait une grande rencontre franco-américaine de catch.

La salle était comble et, l'excitation grandissant au fil des matches qui se déroulaient sur le ring central, la température suivait la même courbe ascendante.

Et il n'y avait pas que la chaleur pour être incommodante. Le vacarme était assourdissant, entre les hurlements d'enthousiasme d'un public d'inconditionnels, les sifflements aigus et les huées réservées aux « méchants », les braillements du speaker dans son micro réglé trop fort, sans parler de la musique jouée à plein tube.

À toutes ces nuisances, calorifères et sonores, si l'on peut dire, s'en ajoutait une troisième, olfactive celle-là : les parfums dont les femmes – très nombreuses – s'étaient aspergées se mélangeaient non seulement entre eux mais avec les odeurs de sueur qui, par cette chaleur moite et lourde, ne pouvaient aller qu'en s'aggravant.

Bref, la soirée était rien moins qu'une partie de plaisir pour les deux policiers de la Brigade mondaine. D'un autre côté, ils n'étaient pas non plus là pour s'amuser.

Quelques heures plus tôt, dans le bureau des Affaires recommandées, Boris Corentin avait exposé son plan à ses coéquipiers :

– Si, comme je le pense de plus en plus, Corinne Joyon a trouvé la mort à la suite d'une exhibition de catch féminin, où elle s'est battue dans le chocolat, comme ça se pratique régulièrement aux Etats-Unis, me suis-je laissé dire, il faut bien que les organisateurs recrutent des catcheuses quelque part. Donc, il va s'agir de faire le tour des salles d'entraînement, après avoir demandé à la fédération française de catch de nous en fournir la liste. Il est impossible qu'on ne trouve pas une piste de ce côté-là.

En téléphonant à la fédération en question, Aimé Brichot avait appris l'existence de la rencontre franco-américaine de Levallois, pour le soir-même. Et Boris Corentin avait décidé de commencer par là.

Aimé Brichot s'étant assez lâchement défilé – sous prétexte d'un important dîner de famille –, c'est avec Géraldine Hébert que Corentin s'était rendu au gymnase Marcel-Cerdan, pour assister à l'événement.

À présent, ils y étaient depuis plus d'une heure et Géraldine commençait à donner des signes très nets de lassitude, pour ne pas dire plus.

Boris Corentin supportait mieux qu'elle la chaleur, le bruit et les odeurs, il n'empêche qu'il commençait à s'ennuyer ferme. Le catch était tout sauf sa tasse de thé : il n'avait jamais bien compris comment on pouvait se passionner pour des combats dont chacun, dans la salle, savait parfaitement qu'ils étaient arrangés à l'avance.

Pour lui, ça s'apparentait plus à une sorte de théâtre de Guignol qu'à un véritable sport.

– Tiens le coup, Petit bonhomme, dit-il à l'oreille de sa voisine de plus en plus pâle. Je pense que le combat est presque fini : dès qu'elles auront quitté le ring, on tâchera d'aller les rejoindre dans les vestiaires pour avoir une petite conversation avec elles…

Elles, c'étaient les deux catcheuses qui faisaient mine de s'affronter sur le ring, et que le speaker avait annoncées comme s'appelant Vanessa-la-dingue et Ondine.

Vanessa, une brune plantureuse, avec des seins comme des ballons et une croupe de jument poulinière, s'efforçait consciencieusement de mériter son surnom. Depuis le début, c'est elle qui faisait le show, n'épargnant aucun coup bas, aucune traîtrise à la blonde Ondine, de même taille qu'elle mais beaucoup plus fine de corps.

Coups bas et traîtrises qui avaient toujours lieu lorsque l'arbitre faisait semblant d'être occupé ailleurs, ce qui provoquait hurlements, sifflets, huées et même insultes dans le public survolté.

Une minute plus tôt, le délire avait atteint son paroxysme, lorsque Vanessa, debout en équilibre sur les cordes, avait brusquement arraché son soutien-gorge bleu fluo à paillettes et l'avait jeté en direction du public.

Depuis, elle combattait la poitrine à l'air, exhibant fièrement ses seins gonflés et fermes, nantis de larges aréoles brunes et de mamelons incroyablement saillants.

Une immense clameur s'éleva soudain de l'ensemble du public. Vanessa venait de pratiquer sur la pauvre Ondine un très classique *cleavage choke* : la saisissant par la nuque, elle lui avait plaqué le visage entre ses deux formidables seins. Jouant le jeu qu'on attendait d'elle, Ondine se débattait comme si elle était en train d'étouffer.

Les deux filles portaient vraiment le strict minimum de vêtements sur leurs corps superbement sculptés. Une culotte à paillette qui se résumait à peu près à un simple cache-sexe et un soutien-gorge pas plus important, qui cachait tout juste les aréoles.

Encore Vanessa venait-elle de se débarrasser du sien, ce qui finalement faisait peu de différence.

Boris Corentin saisit le bras de Géraldine pour l'inciter à se lever, comme il le faisait lui-même :

– Viens, on va aller s'en griller une petite dehors : ça nous fera du bien, un peu d'air frais…

Le visage de la jeune femme, qui tournait au verdâtre, exprima un net soulagement et elle s'empressa de suivre sa flèche, dont le corps athlétique et la démarche décidée lui frayaient facilement un passage parmi la foule.

Lorsqu'ils arrivèrent aux portes métalliques fermées, un petit homme tout sec et affligé d'un énorme nez surgit d'on ne sait où et se planta devant eux.

– Vous préviens que si vous sortez maintenant, vous ne pourrez plus re-rentrer !

Il avait bien dit « re-rentrer »…

Avec un aimable sourire, Boris Corentin brandit sa plaque de policier sous son considérable appendice nasal :

– Moi, je suis certain que vous ne nous ferez aucune difficulté, au contraire…

L'autre disparut aussi vite qu'il s'était matérialisé un instant plus tôt, non sans grommeler des choses incompréhensibles, mais qui n'avaient pas l'air particulièrement à l'avantage de la police française…

–C'est curieux comme les gens qui n'ont rien à se reprocher ont tout de même peur des flics… philosopha Géraldine, une fois qu'ils furent dehors.

Boris Corentin eut un petit sourire :

–C'est parce qu'ils ne sont jamais *entièrement sûrs* de n'avoir rien à se reprocher !

Ils se turent tous les deux, humant avec délices et à pleins poumons l'air délicieusement frais de la rue. Il faisait nuit, la chaussée et les trottoirs luisaient sous les réverbères de la pluie qui était tombée pratiquement toute la journée, mais avait brusquement cessé une heure plus tôt.

Pour autant que l'on pût en juger avec les lumières de la ville, le ciel était à présent étoilé.

Après avoir tiré deux ou trois bouffées de la cigarette offerte par Boris, Géraldine reprit ses couleurs naturelles et ses traits se détendirent nettement.

–Je me sens mieux, constata-t-elle. C'est pas pour me vanter, mais j'ai bien cru que j'allais gerber tripes et boyaux, comme disait ma grand-mère.

–Ah ! c'est d'elle que tu as hérité ton vocabulaire si raffiné ? fit Corentin, que l'expression « c'est pas pour me vanter », appliquée à contresens, avait fait rire.

–Eh ! Grand chef, dis pas de mal de ma mémé Denise, je te prie ! l'avertit Géraldine, avec un large sourire qui fit apparaître la petite fossette de sa joue droite.

Ils fumèrent leur cigarette sans se presser, en silence, debout l'un près de l'autre.

Par moments, Boris Corentin jetait un bref coup d'œil à sa jeune coéquipière, dont il voyait le profil droit. Plus le temps passait, plus ils se côtoyaient, travaillaient ensemble, et plus il se prenait à regretter la « féminophilie » de Géraldine.

Il lui arrivait régulièrement de se dire qu'elle aurait fait une compagne parfaite, à la fois, belle, sensuelle, intelligente et drôle. Avec, sous sa gouaille, ce côté petit animal apeuré qui apparaissait parfois chez elle et donnait envie de la prendre dans ses bras afin de la rassurer.

Amoureux ? Non, s'il examinait objectivement les sentiments que lui inspirait Géraldine Hébert, Boris Corentin ne pouvait pas dire qu'il était amoureux d'elle – en tout cas, pas au sens violent, presque pathologique du mot.

C'était plutôt une très grande tendresse qu'elle lui inspirait, traversée de temps en temps par de brusques flambées de désir physique.

Et il lui arrivait de rêver que peut-être, un jour, sans l'avoir voulu ni même senti venir, ils tomberaient dans les bras l'un de l'autre, comme ç'avait déjà failli se produire une fois, à Barcelone.[1]

En même temps, il ne faisait rien pour favoriser un tel rapprochement physique entre la jeune femme et lui, parce qu'il avait peur que, le coup de folie érotique passé, leurs rapports en soient sinon

1. Voir le Brigade mondaine N° 257 : *Nuit chaude à Barcelone.*

gâchés du moins ternis.

Avec un petit soupir fataliste, il écrasa son mégot de la pointe de son mocassin et se tourna vers sa coéquipière :

– On y va, Petit bonhomme ? Le match de nos deux amies doit être fini, maintenant…

– Ouais, bon… on pourrait peut-être leur laisser le temps de passer sous la douche, tu ne crois pas ? répondit Géraldine, en écrasant sa cigarette à son tour.

– T'as pas tort, Hector ! plaisanta Boris. Dans ce cas, on va refaire un petit passage par la salle, pour vérifier qu'elles ont bien fini leur exhibition et quitté le ring. À moins que ça ne te conduise à « gerber tripes et boyaux », comme dirait Mémé Denise !

– Ah ! c'est malin…

En pénétrant dans la grande salle du palais des sports, ils reçurent en plein visage une écœurante bouffée de chaleur fortement odorante, et leurs tympans furent sauvagement agressés par les clameurs de la foule, les sifflets stridents, les cris suraigus des femmes.

Sur le ring central, Vanessa-la-dingue et Ondine avaient effectivement été remplacées par deux catcheurs, dont l'un, une sorte de montagne de viande affublée d'une longue crinière blonde nouée en catogan, arborait un short aux couleurs du drapeau américain.

–C'est classe… murmura Géraldine, un petit sourire ironique au coin des lèvres.

–Bon, allez : on trouve les vestiaires et on se tire d'ici, décréta Corentin. Je commence à en avoir un peu ma claque de ces conneries, moi !

Pour y parvenir sans avoir à traverser la salle bondée, ils choisirent de repasser par le hall d'accueil et d'emprunter la porte marquée « privé ».

Sous l'œil noir du gardien à gros nez qui n'osa pas leur faire la remarque qui lui brûlait les lèvres.

Ils remontèrent un couloir violemment éclairé aux néons, sur lequel donnaient plusieurs portes, toutes fermées et sans aucune inscription.

–M'est avis que c'est là… murmura soudaine Géraldine, en désignant la porte juste à sa droite.

Boris Corentin tendit l'oreille. Effectivement, de derrière la large porte en bois peint, parvenaient les murmures assourdis de deux voix féminines.

–Vas-y la première, dit Corentin : si jamais elles sont à poil, je ne veux pas provoquer un esclandre…

–Courageux mais pas téméraire, le Grand chef ! plaisanta Géraldine, en frappant deux coups à la porte.

–Ouais, qu'est-ce qu'y a encore ? demanda une voix un tantinet vulgaire.

Géraldine Hébert entrouvrit la porte, un grand sourire aux lèvres. Et découvrit qu'elle ne s'était pas trompée : c'était bien Vanessa et Ondine qui se trouvaient dans le vestiaire.

La blonde était déjà rhabillée, tandis que l'autre était toujours en petite culotte de dentelle rouge, plus qu'à demi-transparente et laissant voir assez nettement le buisson sombre et touffu de son intimité.

Sans franchir le seuil de la pièce, Géraldine Hébert brandit sa plaque de policier en direction des deux filles.

– Les flics ? Qu'est-ce qu'on a encore fait ? demanda Vanessa, limite agressive.

– Rien du tout ! s'empressa de répondre Géraldine en élargissant son sourire. C'est juste qu'on aurait aimé avoir une petite conversation avec vous…

– Eh ben… restez pas plantée là, entrez ! fit Vanessa, la voix déjà radoucie.

– C'est que, je suis avec un collègue, dit Géraldine. Un collègue… masculin…

– Et pis ? s'étonna Vanessa, qui semblait avoir totalement oublié qu'elle était presque nue.

Soudain, elle réalisa et éclata d'un rire sonore, un rire de gamine délurée :

– Ah ! c'est parce que je suis quasi à poil qu'il ose pas rentrer, votre collègue ? Ben, faut surtout pas qu'il se gêne ! Je sais pas si vous étiez dans la salle, tout à l'heure, mais je me suis déloquée devant un bon millier de mecs et de nanas chauffés à blanc, alors franchement…

Boris Corentin et Géraldine Hébert pénétrèrent donc dans le vestiaire, dont la jeune femme referma soigneusement la porte derrière eux.

Incorrigible homme à femmes, Boris ne put s'empêcher de détailler le corps presque nu de la catcheuse. Son verdict fut net : Vanessa avait un corps somptueux, à la fois musclé et voluptueux qui aurait réveillé les ardeurs d'un mourant. Mais son visage avait quelque chose d'un peu vulgaire qui aurait sans doute empêché Corentin de se livrer à des excès érotiques avec elle.

Enfin, empêché était peut-être excessif. Pour peu qu'elle le demande gentiment…

Vanessa finit par attraper le peignoir de bain rouge qui traînait sur le dossier d'une chaise et y dissimula son corps lourdement sensuel.

Dissimuler est d'ailleurs très exagéré, dans la mesure où elle négligea d'en nouer la ceinture, si bien que les pans s'écartèrent l'un de l'autre dans la seconde suivante…

– Mesdames… commença Corentin.

– Mesdemoiselles ! l'interrompit aussitôt Vanessa, avec un sourire franchement gourmand.

De son côté, recroquevillée dans l'unique fauteuil de la pièce, Ondine n'avait pas encore ouvert la bouche et semblait se désintéresser totalement de ce qui se passait.

– Mesdemoiselles, reprit docilement Corentin, en rendant son sourire à la brune, nous aimerions savoir, ma collègue et moi-même, s'il vous est déjà arrivé de participer à des exhibitions de catch privées. Chez des particuliers, je veux dire…

Ce fut tellement fugitif, qu'il ne fut même pas sûr d'avoir bien vu. Mais, durant une fraction de seconde, il eut l'impression vague que Vanessa jetait un regard impérieux en direction d'Ondine.

Comme pour l'inciter à se taire.

– Des exhibitions privées ? fit-elle, l'air étonné. Qu'est-ce que vous entendez par là ?

Ce fut Géraldine qui prit le relais :

– Eh bien, mais… des gens qui payeraient des catcheuses pour venir livrer des combats à domicile, pour leur plaisir et celui de leurs amis, voyez…

Vanessa haussa les épaules et laissa tomber, avec un petit sourire méprisant :

– Jamais entendu parler d'un truc pareil, depuis huit ans que je suis pro ! Et toi, Ondine ?

– Moi non plus… répondit la blonde, les yeux obstinément fixés sur les lacets de ses baskets.

– Pourtant, ça existe, nous en sommes certains, dit fermement Boris Corentin, conscient de s'avancer un petit peu. Et il y a même des cas où ce genre de soirée se termine très mal pour celles qui acceptent d'y participer !

Il avait dit ça exprès, pour tenter de provoquer une réaction chez les deux catcheuses.

Mais Ondine gardait obstinément les yeux baissés vers ses pieds, tandis que le visage sensuel de Vanessa demeurait parfaitement tranquille.

La brune finit par hausser les épaules :

–Écoutez, il y a peut-être des filles qui arrondissent leurs fins de mois en faisant le genre de trucs que vous dites, là, mais personnellement je n'en ai jamais entendu parler. Et pourtant, je connais pas mal de monde, dans ce milieu…

Boris Corentin et Géraldine Hébert échangèrent un regard rapide. Il était évident qu'ils ne tireraient rien de plus des deux catcheuses.

Pourtant, l'un comme l'autre avaient la même vague sensation de « non dit ». L'impression que les filles, et surtout Vanessa, leur cachaient quelque chose.

Ils prirent rapidement congé, et Vanessa parut plutôt soulagée de les voir s'en aller. Même si, avant qu'ils ne quittent le vestiaire, elle décocha à Boris Corentin un regard et un sourire tout à fait explicite.

–J'ai l'impression que t'as juste à claquer des doigts pour qu'elle s'allonge et ouvre les cuisses, celle-là ! fit Géraldine, lorsqu'ils furent dehors.

–Oui, je sais, répondit Boris, avec l'assurance tranquille de l'homme habitué aux succès féminins. Mais ce n'est pas trop mon genre…

–Comme si tu étais un homme à faire le difficile ! le charria Géraldine avec un grand sourire.

–Eh bien, oui, figure-toi ! se rebiffa Boris, sur le même ton. Qu'est-ce que tu t'imagines ? Que je suis une queue sur pattes, prêt à sauter tout ce qui bouge ?

–C'est assez voisin de ce que je pense, en effet…

dit Géraldine, avant d'éclater d'un rire joyeux. Bon, si on arrêtait de se chamailler comme deux crétins ? Qu'est-ce qu'on fait, on rentre ou quoi ?

Elle redevint sérieuse instantanément et ajouta :

–Dis donc, Grand chef, tu les as trouvées franches du collier, toi, ces deux gonzesses ?

–Pas plus que toi, je te rassure. D'ailleurs, je me demande si ça ne vaudrait pas le coup d'attendre qu'elles sortent et d'essayer de les…

Il n'eut pas le temps de finir sa phrase : à quelques mètres de l'endroit où ils se trouvaient, l'une des portes métalliques venait de s'ouvrir.

Pour laisser passer Ondine, la catcheuse blonde.

Seule.

–Qu'est-ce qu'on fait ? murmura Géraldine. On l'aborde tout de suite ou bien on…

Elle se tut d'un coup. Pour la bonne raison que la jeune femme les avait repérés et marchait droit vers eux, avec un air vaguement effrayé.

–Est-ce que je peux vous parler ? demanda-t-elle très vite et d'une voix sourde.

–Bien sûr, répondit Corentin. Que voulez-vous nous…

–Pas ici ! l'interrompit Ondine, en jetant des regards furtifs à droite et à gauche.

–On est garé après le coin de la rue, proposa Boris. Venez, on va vous raccompagner où vous allez : vous pourrez nous parler en cours de route…

Ondine suivit les deux policiers en silence, jusqu'à leur voiture de service, garée dans la rue Paul-Vaillant-Couturier, juste avant la poste principale de Levallois.

Elle attendit que la voiture ait démarré et quitté son stationnement pour se mettre à parler :

– Une femme est venue nous voir à l'entraînement, ce matin. Pour nous proposer le genre de soirée que vous dites. Moi, j'ai refusé parce que je la sentais pas, cette bonne femme. Mais Vanessa va accepter parce que c'est vachement bien payé et qu'elle a besoin de thune en ce moment.

– Pourquoi dites-vous qu'elle va accepter ? demanda Corentin en s'engageant dans la rue Anatole-France.

– Parce que l'Allemande lui a donné quarante-huit heures pour se décider. Elle doit repasser à la salle d'entraînement dans deux jours…

– Vous avez dit : l'Allemande ? demanda Géraldine, d'une voix vibrante d'excitation.

– Ben ouais… ça s'entendait à son accent, même si elle parlait très bien le français…

Boris Corentin jeta un rapide regard oblique à sa coéquipière, assise à sa droite.

Évidemment, en même temps que lui, elle avait fait le rapprochement avec ce qu'avait noté Corinne Joyon dans son agenda électronique :

Penser à rappeler l'Allemande
pour demain soir

Évidemment, ce pouvait être une coïncidence. Mais depuis qu'il faisait ce métier, Boris Corentin avait appris à ne jamais croire aux coïncidences.

Donc, s'il s'agissait d'une seule et même femme, ils venaient peut-être, grâce à Ondine, de tirer la bonne ficelle.

– Pourquoi être venue nous raconter tout ça ? voulut savoir Géraldine, tournée vers le siège arrière.

Ondine eut une petite grimace :

– Je vous l'ai dit : je la sens pas cette nana. J'ai un peu peur pour Vanessa, qui ne se rend jamais compte de rien, de ce point de vue-là…

Ni Boris Corentin ni Géraldine Hébert ne crurent bon de dire à la catcheuse qu'elle avait hélas peut-être raison de s'inquiéter pour son amie Vanessa…

CHAPITRE VIII

– Et Mademoiselle Hébert ? Elle n'est pas avec vous ? Je croyais que vous travailliez ensemble sur cette affaire ? Je me suis trompé ?

Boris Corentin et Aimé Brichot étaient en train de prendre place dans les deux fauteuils faisant face au grand bureau de Charlie Badolini.

– Non, non, patron, répondit Boris en croisant les jambes, vous ne vous trompez pas : elle bosse effectivement sur le dossier Corinne Joyon. Seulement, comme elle se sentait plus ou moins patraque, tout à l'heure, je l'ai autorisée à rentrer se coucher un peu plus tôt que prévu…

– Ah ? Bon, bon… fit le commissaire divisionnaire, qui pensait déjà à autre chose.

Boris Corentin évita de tourner la tête vers Aimé Brichot, de peur qu'ils ne partent à rire tous les deux.

S'il avait autorisé Géraldine à partir dès quatre heures, c'est simplement parce qu'elle les avait invités à dîner, Brichot et lui, et qu'elle voulait avoir le temps de tout préparer avant qu'ils n'arrivent...

Pour le moment, il était un peu plus de six heures et demie, la nuit tombait lentement et le ciel de Paris, à présent totalement dégagé, se zébrait de grandes traînées sanglantes, étalées dans le bleu par le soleil oblique.

Dix minutes plus tôt, les deux policiers avaient été convoqués dans le bureau du commissaire divisionnaire, afin de faire le point sur cette affaire considérée à la direction de la PJ comme prioritaire.

– Messieurs, attaqua Charlie Badolini, je ne vous cache pas qu'on attend de vous, en haut lieu comme on dit, des résultats probants et rapides.

Boris Corentin s'efforça de rester impassible. « Probants et rapides » : c'était facile à dire, quand on était bien carré dans son fauteuil, derrière un bureau qu'on ne quittait jamais, sinon pour se rendre à un cocktail, un dîner officiel ou une remise de décoration...

– Bon, vous en êtes où, au juste ?

Comme d'habitude, ce fut Corentin qui prit la parole et, en quelques phrases courtes et claires, résuma la situation au commissaire divisionnaire, s'attardant sur ce qui l'avait conduit à penser qu'il pourrait s'agir d'une séance de catch amateur qui aurait mal tourné pour Corinne Joyon.

– Et de quelle manière aurait-elle pu mal tourner ? voulut savoir Charlie Badolini, tout en se battant avec son briquet de bureau qui refusait obstinément de s'allumer.

Boris Corentin se sentit obligé de se lever pour allumer la cigarette de son patron, qui le remercia d'un bref hochement de tête et d'un plissement des paupières.

– De toute évidence, le chocolat semble le prouver, il ne devait pas s'agir d'une séance de catch ordinaire, mais plutôt d'une soirée à forte connotation érotique ayant le catch pour prétexte, ou pour moteur, répondit Corentin, en allumant à son tour une cigarette légère.

– À propos du chocolat, on a eu les résultats des analyses que vous avez eu l'excellente idée de faire faire ? demanda Badolini en s'adressant à Aimé Brichot.

Lequel Aimé Brichot rosit de plaisir jusqu'aux oreilles, sous le vent du compliment.

– Non, pas encore, répondit-il, en se redressant machinalement dans son fauteuil. J'ai appelé tout à l'heure, mais il paraît que le côté minuscule des échantillons que le docteur Flutiaux leur a fait parvenir rend les analyses particulièrement délicates. Du coup, ils ont préféré envoyer le tout à leur labo principal, mieux équipé, ce qui a tout retardé d'autant. On devrait savoir avec certitude d'où provenait ce chocolat demain en fin de journée, après-demain dans le pire des cas.

– Bien, espérons que ça débouchera sur quelque

chose d'utilisable, approuva Charlie Badolini, en envoyant un fin nuage de cendre grise sur les revers de son éternel costume croisé bleu pétrole. Il y a tout de même une chose que je ne m'explique pas, si votre hypothèse est la bonne : qu'est-ce que Corinne Joyon allait faire dans cette soirée ?

Boris Corentin haussa les épaules, avant de dire :

– Personnellement, je vois deux hypothèses possibles, Monsieur le divisionnaire. Comme nous l'a suggéré le patron des stups, il est possible que Corinne Joyon ait découvert la piste d'un trafic de drogue, ou le moyen de remonter une filière, ou quoi que ce soit de cet ordre. Ensuite, ambitieuse comme on nous l'a décrite, elle aurait pu vouloir faire cavalier seul afin de récolter tous les lauriers.

– Oui, c'est une hypothèse envisageable, admit Badolini. Et la seconde, c'est quoi ?

Boris Corentin écarta légèrement les bras et ouvrit les mains avant de répondre :

– Eh bien mais… tout simplement que Corinne Joyon ait participé à cette soirée érotico-catcheuse, si je puis me permettre, *parce que l'idée l'excitait* ! Rappelez-vous ce qu'on nous a dit sur elle, à son club de lutte : elle était très secrète, ne parlait à personne de sa vie privée, etc.

Charlie Badolini balaya la dernière hypothèse d'un revers de la main. Visiblement, l'idée qu'un membre de la police puisse avoir lui aussi ses petites perversions secrètes semblait le contrarier quelque peu.

– Quoi qu'il en soit, je crois qu'il faut vous concentrer sur cette recruteuse allemande, déclara-t-il, en écrasant son mégot dans son lourd cendrier d'onyx.

– C'est bien notre avis, Monsieur le divisionnaire. Sauf que nous n'avons pas encore trouvé une façon vraiment satisfaisante de la « tamponner »…

– Vous avez encore plus de trente-six heures pour y penser, trancha Charlie Badolini. Je vous suggère de vous y mettre dès maintenant…

Ça, c'était une manière détournée (mais pas tellement…) de dire à ses deux subordonnés qu'il les avait assez vus pour ce soir, et qu'ils étaient autorisés à se transporter ailleurs dans les plus brefs délais.

Ce qu'ils firent sans demander leur reste.

– On prend un taxi ensemble, je suppose ? demanda Aimé Brichot, lorsqu'ils furent de retour dans le bureau des Affaires recommandées.

– Non, Mémé, il faut que je repasse chez moi vite fait, avant d'aller chez Géraldine, répondit Boris.

– Repasser chez toi ? Ah bon ? fit Aimé Brichot, un peu étonné. Mais pourquoi ça ?

– J'ai beaucoup transpiré aujourd'hui et j'aimerais bien me changer pour ce dîner… mentit Boris Corentin.

Il n'avait pas très envie d'expliquer à son coéquipier qu'ayant momentanément oublié le dîner prévu chez Géraldine Hébert, il avait, le matin même, donné rendez-vous chez lui à une très charmante préparatrice en pharmacie dont, pour y avoir plusieurs fois goûté déjà, il connaissait et appréciait les ardeurs sensuelles.

Il allait s'agir de se montrer diplomate avec elle…

Une fois Aimé Brichot parti, Boris Corentin décida d'aller jusqu'à la rue de Turenne à pied, pour profiter des dernières lueurs du jour.

En chemin, il se dit que Géraldine ne serait certainement pas choquée plus que ça si, à son dîner, il arrivait avec Sidonie, sa jeune et jolie préparatrice : il n'était pas très à cheval sur les principes bourgeois, le Petit bonhomme…

Le problème, il en prit conscience à peu près à hauteur de la place des Vosges, c'est que c'était lui que ça gênait. Il n'avait pas envie de mélanger les genres. Et, surtout, d'arriver chez Géraldine avec une autre femme lui aurait un peu donné la sensation de tromper sa coéquipière.

Boris se mit à rire tout seul, en marchant, ce qui ne surprit absolument personne. Depuis que, dans les villes en tout cas, les gens avaient pris l'habitude de téléphoner en marchant, avec leurs petits écouteurs, vous pouviez sans attirer l'attention de quiconque, avoir en public des attitudes qui vous auraient immanquablement conduit à l'asile, ou au moins chez le médecin le plus proche, au siècle précédent.

Boris Corentin fut très surpris de découvrir son studio vide. Il commença à comprendre en avisant une feuille de papier pliée en deux et fixé à la porte du frigo grâce à un magnet. Il n'y avait que quelques mots à l'intérieur, hâtivement griffonnés au feutre bleu clair :

Boris,
désolée, je suis obligée de partir (t'expliquerai)
téléphone-moi sur le portable
si tu veux que je revienne plus tard...

Sidonie

Boris Corentin eut un petit sourire de satisfaction. Tout s'agençait parfaitement, en fin de compte : il allait pouvoir aller dîner tranquillement chez Géraldine, puis éventuellement « convoquer » Sidonie ici pour la fin de la soirée.

Et comme elle se sentirait un peu coupable de ce « lapin » qu'elle lui avait posé, elle aurait certainement à cœur de lui faire plaisir, de toutes les manières possibles.

Et c'est en se disant que, quel qu'en soit l'auteur, la vie était tout de même une belle invention qu'il prit le chemin de la Bastille.

*
* *

Boris Corentin arriva sur le palier de Géraldine Hébert à huit heures et demie précises. Son appartement était situé dans un immeuble « ancien » (manière polie de dire vétuste…), rue de Charonne, à l'angle de la rue Trousseau, pas très loin de la Bastille. Au travers de la mince porte de bois, il perçut des voix et un bref éclat de rire, preuve que Géraldine n'était pas seule chez elle. Il frappa.

–Entre, Grand Chef, c'est pas fermé ! cria Géraldine depuis le salon.

Boris s'exécuta. Il découvrit d'abord, à gauche, dans la petite cuisine, la silhouette mince et le visage juvénile de Jonathan Kepler, le « fiancé » de Géraldine, occupé à surveiller ses gamelles avec un sérieux robuchonesque, le front barré de son habituelle mèche blonde.

–Salut, M'sieur Boris ! dit-il avec un grand sourire. Je me suis dit que vous arriveriez jamais et que mon soufflé aux deux fromages allait être complètement par terre. J'étais *vénère*, je peux vous dire !

–Ben tu vois, j'ai fini par arriver, constata Boris avec un demi sourire. Et toi, ça va ? Tu as toujours ton boulot de vendeur d'agence photos ?

–C'est juste en attendant, vous savez bien ! fit dédaigneusement Jonathan, tout en continuant de grimper une mayonnaise à petits mouvements souples du poignet. Dès que je peux, je m'inscris à une école de cuisine. Et alors, là, ils vont voir qui je suis : j'me donne dix ans, pas un de plus, pour décrocher les trois macarons !

Il redevint sérieux :

– Bon, je m'excuse de pas vous faire la causette plus longtemps, mais faut encore que je décortique mes bouquets et que j'enfourne ma tarte aux kiwis…

Boris Corentin passa dans la pièce principale, qui servait de salon et de salle à manger. De « pièce à vivre », comme on disait maintenant. Il y découvrit deux jeunes femmes en grande conversation sur le canapé. La première, un verre de sancerre blanc à la main, n'était autre que Géraldine Hébert, la « puissance invitante ».

La seconde était une superbe blonde de 23 ans, au visage d'ange et au corps parfait. Elle s'appelait Liselotte Faarup, parlait le français avec un accent danois irrésistible, et était l'amante en titre de Géraldine Hébert, depuis qu'elles s'étaient rencontrées quelques mois plus tôt, à l'occasion d'une affaire particulièrement délicate.[1]

Lorsque cette affaire s'était dénouée, Liselotte Faarup s'était retrouvée sans travail et donc incapable de payer le loyer de son studio de la rue Rambuteau. Géraldine lui avait proposé de venir s'installer chez elle « en attendant ».

Depuis, la Danoise avait retrouvé un très bon

1. Voir le Brigade mondaine N° 275 : *Traquenard pour femme seule.*

emploi d'assistante de direction dans une grosse boîte norvégienne ayant une importante succursale à Paris, où elle était confortablement payée... mais elle était restée dans l'appartement de la rue Trousseau.

Depuis, Boris Corentin pouvait constater que Géraldine était chaque jour un peu plus amoureuse que la veille. Plus amoureuse, donc plus angoissée.

– J'ai la trouille de la perdre, tu peux pas savoir, Grand chef ! lui avait confié Géraldine, un soir où ils avaient pris ensemble deux ou trois verres de trop. Je me dis qu'elle est tellement belle, tellement bandante, tellement... tout, qu'il doit y avoir des dizaines de salopes qui ne rêvent que de me la piquer. Et que, sur le nombre, y en a bien une, demain ou après-demain, qui va finir par y arriver !

Ce soir-là, il avait rassuré son « Petit Bonhomme » comme il avait pu...

Fasciné par la beauté irradiante de la Danoise, Boris Corentin faillit ne pas s'aviser d'une troisième présence féminine, pelotonnée dans un fauteuil situé un peu à l'écart du canapé où se tenaient Géraldine et Liselotte.

C'était une gamine de 16 ans, au corps mince et à la beauté fortement métissée. Ce qui n'avait rien d'étonnant puisqu'elle était mi-tunisienne par son père, mi-guadeloupéenne par sa mère.

De fait, son visage avait plus ou moins les caractéristiques morphologiques de celui d'une noire, mais sa peau était nettement plus pâle, et elle avait en outre d'étonnants yeux d'un vert très clair.

Elle s'appelait Jamila Lakhdar mais, lorsque Aimé Brichot et Géraldine avaient été amenés à la rencontrer, pour les besoins d'une enquête[1], l'adolescente se prostituait dans un squat du 19e arrondissement, sous le sobriquet, douteux mais explicite, de Pipette…

Rendue par la police à son tuteur légal, un oncle qui n'en avait rien à faire, elle s'était aussitôt tirée de chez lui pour revenir vers la seule personne qui s'était montrée gentille et compréhensive avec elle : Géraldine Hébert.

Et, du coup, Jonathan Kepler, qui venait lui-même de s'installer dans le quartier, pour être plus près de sa « future épouse », avait pris la gamine sous sa protection et l'avait installée dans sa « piaule merdique », *dixit* lui-même. Un arrangement qui semblait, jusqu'à présent, satisfaire toutes les parties en présence.

– Bonsoir Jamila ! Bonsoir Liselotte ! claironna Boris, en s'avançant au milieu de la pièce. J'ai l'impression qu'à part ce bon Jonathan, tout le monde se fiche que je sois là !

Le visage de l'adolescente se fendit d'un lumineux sourire et, plus nature que jamais, elle jaillit du canapé pour venir se pendre au cou de Boris et plaquer sa bouche sur la sienne, sans façon, en copains…

1. Voir le Brigade mondaine N° 272 : *Princesse vaudou.*

–Eh ! doucement ! plaisanta Boris, en l'écartant doucement de lui : je ne tiens pas à être inculpé de détournement de mineure, moi !

–C'est sûr que pour un as de la Brigade mondaine, ça ferait désordre, nota Géraldine en souriant.

–Remarquez que j'ai quand même 16 ans et qu'au-dessus de 15, c'est beaucoup moins ennuyeux, il paraît… fit observer très sérieusement Jamila, avant d'ajouter, la mine presque grave : et puis, de toute façon, je suis une femme sérieuse, maintenant, et il n'est pas question que je trompe Jonathan.

–Surtout avec un vieux ! compléta Géraldine. Bon, Grand Chef, je te sers un godet ?

–Va pour un godet ! Mémé n'est pas arrivé ?

–Si, si, il est à la salle de bain, expliqua Liselotte, en se levant à son tour pour venir embrasser Boris.

Lequel tenta de ne pas s'apercevoir que le corps affolant de la Danoise s'appuyait distraitement contre le sien pour lui faire la bise sur les deux joues.

–Comme il n'a pas pu avoir de taxi, il est venu en métro, expliqua Géraldine avec un demi-sourire gentiment ironique. Et il est persuadé que s'il ne se lave pas les mains immédiatement après en être sorti, il va attraper toutes les maladies de la terre, plus deux ou trois autres pas encore bien identifiées !

–Dis donc, fit observer Boris en saisissant le

verre de whisky que Jamila s'était empressé d'aller lui servir, ça commence à être surpeuplé, chez toi ! Il ne va jamais y avoir assez de soufflé pour tout le monde...

– Non, non, t'inquiète, le rassura Géraldine : Jonathan a tenu à préparer le dîner lui-même, sous-prétexte que si je m'en occupais moi-même, vous ne reviendriez plus jamais ici. Évidemment, Jamila, aussi pot-de-colle que n'importe quelle fille amoureuse, est venue avec lui ! Mais dès que tout est prêt, on vire ces deux marmots et on dîne gentiment, entre adultes consentants !

– Ça fait vraiment du bien de se sentir aimée et appréciée... soupira comiquement Jamila, en posant sa tête contre l'épaule de Géraldine.

À ce moment, Aimé Brichot ressortit de la salle de bain, avec la mine satisfaite.

– Maintenant que vous avez les mains propres, vous allez peut-être accepter un verre, Mémé ? demanda la maîtresse de maison, en faisant un petit signe de la main à Jamila qui, adorant rendre service, et surtout à Géraldine, son idole, bondit vers le petit bar d'angle.

– Mais oui, avec plaisir, si vous insistez... répondit Brichot, un brin cérémonieux.

Le vouvoiement s'était instauré d'entrée de jeu, entre Géraldine Hébert et lui, lorsqu'elle avait fait son entrée aux Affaire recommandées. Il faut dire que, durant un peu plus d'un an, leurs rapports étaient restés empreints d'une certaine réserve, voire de froideur, principalement du fait d'Aimé Brichot, qui avait assez mal vécu cette intrusion dans le couple professionnel qu'il formait avec Boris Corentin depuis des années.

Finalement, les rapports s'étaient détendus à l'occasion d'une enquête qu'ils avaient eue à mener ensemble, alors que Boris se trouvait aux Antilles.[1]

Mais le vouvoiement était resté.

Jamila tendit son verre à Aimé Brichot et, avec un sourire pétillant, annonça :

– Tenez, M'sieur Mémé (elle avait pris l'habitude de l'appeler comme ça), je vous l'ai dosé comme pour un vieux !

Aimé se composa une mine quelque peu outragée et, l'index levé, dit sur un ton comiquement solennel :

– Mademoiselle Jamila, je vous prierai de bien vouloir surveiller vos propos ! Il y a tout de même, dans cette pièce, trois membres de la police française !

– Des membres, des membres... parlez pour Boris et vous, intervint Géraldine. Moi, je serais plutôt une... une *foufoune* de la police française !

– Ah ! quelle classe, quelle distinction, quel raffinement... soupira comiquement Brichot, les yeux levés au plafond, cependant que Jamila éclatait de rire et que Liselotte, plus discrète, pouffait en se

1. *Princesse Vaudou*, là encore.

cachant la bouche derrière la paume de sa main aux ongles rouges.

–C'est de la faute à Mémé Denise ! intervint Boris Corentin, qui s'amusait beaucoup.

Aimé Brichot eut l'air franchement ahuri, et cette fois sans le faire exprès.

–Mémé Denise ? répéta-t-il. Qu'est-ce que c'est encore que cette histoire ?

–C'est rien, Mémé, c'est une histoire de gènes familiaux qui a mal tourné, répondit Géraldine.

Aimé Brichot prit une mine franchement dégoûtée :

–Eh bien ! si tout le monde se met à parler par énigme, elle va être gaie, la soirée, tiens !

–On se remet une petite rince en attendant le soufflé ? proposa Géraldine, qui venait de finir son Sancerre et détestait avoir son verre vide.

Elle allait se lever, mais Liselotte l'arrêta, en lui posant doucement la main sur sa cuisse nue :

–Laisse, mon amour, je m'en occupe…

Les deux filles échangèrent un rapide baiser sur les lèvres, et Aimé Brichot détourna la tête, gêné.

Il n'avait bien entendu rien contre l'homosexualité – encore qu'il préférait ne pas penser au fait que l'une ou l'autre de ses jumelles pouvait fort bien le devenir… – mais ça le mettait toujours un peu mal à l'aise de la voir « en action ». Surtout dans le cas de Géraldine Hébert, qui concernait une personne de son entourage familier et immédiat.

Mais Liselotte était déjà en train de s'affairer dans le petit bar, et Géraldine balaya le trouble de Brichot en s'adressant, sur un ton sérieux, à Corentin et à lui :

– Et si vous me disiez comment s'est passé votre « point » chez Baba ? Il a pas trop gueulé que j'étais pas là ?

– C'est passé comme une lettre à la poste, répondit Boris, en faisant signe à la Danoise qu'il voulait bien un glaçon dans le whisky qu'elle venait de lui servir.

Et en s'efforçant, mais sans grand succès, de ne pas loucher avec une insistance déplacée dans l'entrebâillement de son tee-shirt un peu trop ample.

Puis, il résuma rapidement leur entretien avec le commissaire divisionnaire. En insistant sur le fait que ce dernier trouvait très prometteuse la piste de l'Allemande.

– Sauf que, personnellement, je ne vois toujours pas comment on pourrait entrer en contact avec cette femme sans risquer d'éveiller sa méfiance, conclut-il.

– Moi non plus, avoua Aimé Brichot, en faisant signe à Liselotte qu'il se contenterait de son premier verre. J'y ai pensé en venant ici et…

– Eh bien, moi, les garçons, je le sais, comment il faut s'y prendre, intervint Géraldine, sur le ton anodin de la conversation mondaine.

Corentin et Brichot la dévisagèrent du même œil

interloqué. Boris se reprit le premier :

– Vas-y, Petit bonhomme, on t'écoute…

– C'est tout simple, répondit la jolie rousse, après avoir bu une gorgée de vin blanc et reposé son verre sur la table basse. Cette Teutonne cherche des catcheuses pour animer ses petites soirées de jambes en l'air, c'est bien ça ? Dans ce cas, il n'y a qu'à lui en fournir une…

Elle regarda tour à tour les deux hommes, avant de laisser tomber d'une voix sonore :

– … Moi !

– Mais c'est absurde ! s'écria aussitôt Aimé Brichot, en sursautant dans son fauteuil.

– Et puis c'est sûrement dangereux ! renchérit Liselotte, en se blottissant contre son amante.

– Écoute, mon amour, il vaudrait mieux que tu t'y fasses, murmura tendrement Géraldine. Si j'avais voulu faire un métier sans risque, j'aurais choisi d'ouvrir une mercerie. Et encore : on peut toujours se piquer avec une aiguille !

– De toute façon, ça ne tient pas la route, déclara Brichot sur un ton catégorique. Cette Allemande va se pointer à la salle d'entraînement pour rencontrer votre Vanessa-la-folle ou je ne sais quoi…

– La dingue, Mémé, pas la folle… glissa Géraldine à mi-voix. Vanessa-la-dingue.

– Bon, on s'en fiche ! reprit Aimé, assez remonté. Ce qui compte, c'est que cette Vanessa te connaît *et qu'elle sait que tu es de la police* !

L'argument parut prendre Géraldine Hébert de court, car elle resta muette. En revanche, dans le silence, on entendit la voix parfaitement calme de Boris Corentin :

– Il n'y aurait qu'à éliminer Vanessa. Je veux dire la mettre hors circuit jusqu'à après-demain. Je suis bien certain qu'on doit arriver à la convaincre d'être… disons : malade.

Géraldine bondit sur place d'enthousiasme. Tout juste si elle ne battit pas des mains comme une gamine.

– Mais oui, tu as raison, Grand chef, c'est génial ! s'exclama-t-elle. Si Vanessa lui fait faux bond, l'Allemande va sûrement vouloir trouver rapidement une autre catcheuse pour la remplacer, et c'est là que j'interviens !

– Vous oubliez une chose tout de même, objecta Aimé Brichot, obstiné : c'est que *vous n'êtes pas* catcheuse ! Ça ne marchera jamais !

Géraldine Hébert, après une seconde de réflexion eut alors cette réponse superbe :

– Et alors ? Il y a tout de même bien des catcheuses *débutantes*, non ?

Refusant de s'avouer vaincu, Brichot allait fournir une nouvelle objection. Mais, au moment où il ouvrait la bouche, Jonathan surgit dans la pièce, un plat fumant dans ses mains recouvertes de gros gants de cuisine.

– À table tout le monde ! claironna-t-il. Le soufflé, si ça attend, c'est nase !

Sage observation, qui mit provisoirement fin au débat entre Aimé Brichot et Géraldine Hébert.

Chapitre IX

Marceau Sainpère ne se sentait pas dans son assiette. Tout en descendant les Champs-Élysées (par le trottoir de droite), de sa démarche déhanchée, claudicante, il se disait que quelque chose n'allait pas.

Il ne se sentait pas malade, non. D'ailleurs, l'ancien catcheur ne savait pas ce que voulait dire l'expression « être malade ». De ce point de vue, il était comme Yolande Soliveau : bâti à chaux et à sable.

Non, c'était autre chose. Une sensation de malaise général, diffus, insidieux. Comme si un corps étranger, impalpable mais très présent, s'était logé à l'intérieur de sa tête afin de prendre le contrôle de sa personnalité.

C'est cela : Marceau Sainpère avait la sensation assez pénible de n'être plus tout à fait lui-même. Et de cela, de ce phénomène étrange, il avait des preuves concrètes.

D'abord, cela faisait trois matins de suite qu'il se réveillait avec des désirs sexuels, ce qui ne lui arrivait jamais. Même quand Yolande, sa déesse, avait cessé d'être une femme attirante, propre à allumer les fantasmes des hommes, le Boiteux n'avait pas reporté ses attentions sur les autres filles. L'ex-Cruella avait continué de représenter la totalité de son univers érotique et sexuel.

Lui qui était pourtant d'une fougue et d'une endurance nonpareilles, il se contentait désormais très bien des rares caresses manuelles ou des rapides fellations que lui prodiguait Yolande quand la fantaisie lui en prenait – c'est-à-dire pas très souvent…

Et voilà que, brusquement, depuis quelques jours, Marceau se réveillait le cerveau plein d'images lubriques, de filles aux jambes ouvertes, aux poitrines agressives, rampant vers lui comme des louves avides afin de happer son membre dressé entre leurs lèvres gourmandes.

Non, décidément, quelque chose n'allait pas.

Le deuxième signe concret, c'est que, aujourd'hui, il avait éprouvé le besoin irrépressible de fuir loin de la propriété de Bièvres, de rompre l'isolement dont il se satisfaisait très bien depuis plusieurs années.

Soudain, Marceau Sainpère avait eu l'impression d'étouffer, ressenti un désir violent de foules, de bruits, de vie. Envie de se mêler aux « vraies gens », comme on dit.

Lorsqu'il avait annoncé à Yolande Soliveau qu'il avait envie d'aller faire un tour à Paris, il l'avait fait d'un ton brusque, presque désagréable, s'étonnant lui-même de la voix agressive qui franchissait le seuil de ses lèvres.

Yolande l'avait regardé bizarrement, d'un œil scrutateur, comme si elle cherchait à percer quelque mystère, comme si elle tentait de voir clair en lui.

Elle avait ouvert la bouche pour dire quelque chose, puis s'était ravisée. Finalement, sur un ton un peu triste, un peu las, elle avait soupiré :

– Mais bien sûr, prends la voiture et vas-y, ça te changera un peu les idées…

Sauf que ça ne les lui changeait pas du tout. Marceau Sainpère restait comme enfermé en lui-même, indifférent à tout ce qui l'entourait. Au point qu'il faillit se faire renverser par une petite camionnette d'entretien municipal verte, en traversant l'avenue George V.

Il en ressentit une telle peur que ses jambes se mirent à flageoler.

« Voyons ! reprends-toi, vieil imbécile ! essaya-t-il de se morigéner silencieusement. Il ne t'est rien arrivé, tu ne vas pas te mettre à trembler comme une gonzesse ! »

Mais ses jambes continuaient de flageoler, au point qu'il poussa la porte du café *Le Deauville* et se laissa tomber sur la première banquette venue.

Il avait l'impression qu'une sorte de voile était

tombé devant ses yeux, et son cœur cognait comme s'il venait de piquer un cent mètres à fond.

Durant quelques secondes, la pensée paniquante qu'il allait mourir, là, devant tout le monde, lui traversa l'esprit avec une insupportable fulgurance.

Mais, finalement, Marceau Sainpère ne mourut pas. En tout cas, pas tout de suite.

Au garçon vêtu de noir qui lui demandait ce qu'il désirait boire, d'un ton à peine aimable, il commanda un double cognac, qu'il avala presque cul sec, avant d'en recommander un second qui subit le même sort.

Il commença à retrouver son état normal à la première gorgée du troisième et se laissa aller contre le dossier de moleskine avec un soupir de soulagement, la tête légèrement rejetée vers l'arrière, les yeux mi-clos.

C'est lorsqu'il se redressa et ouvrit les yeux que Marceau Sainpère la vit.

La fille était seule à une petite table ronde, devant une tasse de café vide. Elle tenait une cigarette allumée entre l'index et le majeur de la main gauche.

Marceau Sainpère se fit la réflexion qu'avec ses longs cheveux châtains lisses, son visage rond et sa bouche aux lèvres un peu lourde, elle ressemblait vaguement à la chanteuse Hélène Ségara, en plus jeune.

La fille avait les yeux fixés sur lui et, quand elle vit qu'il avait enregistré sa présence, un sourire à peine perceptible étira légèrement ses lèvres rouges.

« Une pute... » songea immédiatement l'ancien catcheur. Il était parfaitement lucide, en ce domaine, et savait que quand une fille d'environ 25 ans, jolie et bien foutue, souriait à un type dans son genre, c'était rarement parce qu'elle venait de succomber à une flambée de désir...

Brusquement, sous la caresse insistante de ce regard clair, Marceau Sainpère sentit revenir à toute vitesse les poussées brutales de fièvre érotique qui le tourmentaient depuis trois ou quatre jours.

« Après tout, pourquoi pas ? songea-t-il d'un seul coup. Qu'est-ce qui m'en empêche ? »

Yolande Soliveau l'avait plusieurs fois encouragé, au début, à aller « s'amuser » avec des filles, mais il avait toujours décliné : il n'en avait tout simplement pas envie.

Alors que, là, maintenant, oui, il avait envie de cette fille. Et furieusement encore. L'érection qui s'était développée au bas de son ventre en était presque douloureuse.

Comme il ne pouvait décemment pas se lever et traverser la moitié de la salle dans cet état un peu trop voyant, il décida que ce serait « Hélène Ségara » qui allait l'accomplir à sa place, ce court trajet. Après tout, c'était lui le client, non ?

Du pied, il repoussa la chaise qui se trouvait en face de lui, de l'autre côté de la banquette et fit un petit signe de tête à la fille, pour lui indiquer que la chaise était pour elle.

Le message fut reçu cinq sur cinq, on sentait qu'on n'avait pas affaire à une débutante timide.

La fille se leva, prit son petit sac de toile multicolore sur la chaise voisine de la sienne et s'avança vers Marceau Sainpère. Elle était vêtue simplement : jean moulant et taille basse, tee-shirt échancré blanc et, par-dessus, une longue veste de cuir noire ouverte.

Comme elle marchait lentement, le Boiteux eut le temps de se dire qu'elle avait la croupe large et proéminente, comme il aimait, ainsi qu'une poitrine qui avait l'air de beau volume et d'une fermeté parfaite.

Tout de même, avant de s'asseoir, la fille voulut être certaine qu'elle avait bien compris l'invite.

– Tu m'offres un verre ? demanda-t-elle d'une voix veloutée, avec un sourire qui découvrit des dents bien régulières et d'une blancheur éclatante.

– Oui… à condition que tu cesses de me tutoyer, répondit Marceau Sainpère, qui avait toujours eu horreur des familiarités entre gens qui ne se connaissent pas.

– Comme vous voudrez… répondit la fille sans se formaliser, en prenant place en face de lui. Je m'appelle Jessica…

– J'aurais préféré Hélène, soupira Marceau, toujours frappé par la ressemblance de Jessica avec la chanteuse.

Jessica eut un petit sourire en coin, lui adressa un

regard débordant de promesses inavouables – mais parfaitement négociables… – et murmura :

–Pour vous, je veux bien être Hélène… Et vous, vous serez mon Pâris !

« Parce qu'en plus je suis tombé sur une lettrée ![1] », songea l'ancien catcheur qui, contrairement à ce que son physique de brute aurait pu laisser croire, avait lui-même beaucoup puisé dans la bibliothèque de la propriété de Bièvres et s'était forgé une certaine culture.

–Qu'est-ce que vous faites, dans la vie ? voulut savoir Jessica-Hélène, s'imaginant que c'était à elle de lancer la conversation.

–On s'en fiche, de ce que je fais dans la vie, répondit Marceau Sainpère d'un ton un peu plus sec qu'il ne l'aurait souhaité. Ce qui compte, vois-tu, c'est ce que j'ai envie de faire avec toi, maintenant !

Jessica ouvrit la bouche pour protester contre une « attaque » aussi directe et qui la choquait réellement.

Car Jessica faisait partie de ces filles à qui coucher pour de l'argent ne pose pas de problèmes moraux particuliers, mais qui, en revanche, refusent de se considérer comme des prostituées, filles qu'elles regardent même avec un certain mépris. Pure logique féminine…

Pour elle, le « compagnon » idéal (elle ne disait jamais, ni même ne pensait, le mot « client »…), c'était un homme qui lui parlait de sa vie autour

1.Pâris, le fils du roi Priam, enlève Hélène, la femme du roi de Sparte, Ménélas, provoquant ainsi la fameuse Guerre de Troie.

d'un verre, éventuellement l'emmenait dîner, puis passait la nuit avec elle et, au matin, sortait de sa vie en laissant deux cents euros sur la table de chevet… Comme par inadvertance, presque…

– Vous êtes plutôt brutal, dans votre genre… murmura Jessica, sur un léger ton de reproche. Ce serait plus gentil de faire un peu connaissance « avant », vous ne croyez pas ? On ne sait rien l'un de l'autre…

Là, elle commençait sérieusement à énerver Marceau Sainpère, qui se pencha par-dessus la table. La regardant droit dans les yeux, il dit à voix basse, pour ne pas être entendu des autres consommateurs les plus proches, mais en articulant bien tous les mots :

– Je n'ai aucun besoin de te connaître, mets-toi bien ça dans la tête. J'ai juste envie de te baiser, c'est clair ? Et je suis prêt à investir cent cinquante euros pour le faire. Maintenant, je ne force personne : si le programme ne te convient pas, si j'ai choqué ta petite sensibilité, tu peux toujours quitter cette table et retourner devant ta tasse vide : je trouverai très facilement quelqu'un d'autre, c'est pas les filles qui manquent…

Jessica voulut d'abord protester. Mais, d'un coup, ses épaules s'affaissèrent légèrement et elle s'avoua vaincue. L'idée de laisser filer cent cinquante euros, qui allaient sans doute être rapidement gagnés, tellement ce type paraissait expéditif, lui était très désagréable.

Et puis, depuis une minute ou deux, il se passait quelque chose de très inattendu en elle. Cet homme, avec son faciès de brute, son physique de lutteur et ses manières brutales, commençait à la remuer au plus profond d'elle-même, à son grand étonnement, elle qui était persuadée de n'aimer que les hommes élégants et raffinés.

« Comme quoi, songeait Jessica, mi-intriguée, mi-amusée par ses propres réactions, on ne se connaît jamais aussi bien qu'on le pense… »

– Bon, c'est d'accord, soupira-t-elle. On fera comme vous voudrez…

– À la bonne heure ! fit Sainpère en se levant aussitôt de la banquette.

*

* *

– Tenez, c'est là…

Jessica avait entraîné Marceau Sainpère dans une petite rue donnant sur la rue de Berri, jusqu'à un hôtel à la façade minuscule, coincé entre un restaurant chinois à peine plus grand et l'étude d'un notaire.

– Tu es sûre qu'on va nous refiler une chambre, ici ? demanda Marceau Sainpère, sans se décider à pousser la porte de verre dépoli.

Brusquement, comme si le court trajet qu'il

venait de faire à pied l'avait dégrisé, il n'était plus très sûr d'avoir envie de se retrouver sur un lit avec cette fille.

Ou, plus exactement, quelque chose lui soufflait qu'il ferait mieux de s'abstenir, que ce n'était pas une bonne idée qu'il avait eue, de la suivre jusqu'ici.

–Pas de souci, répondit Jessica à sa question, le réceptionniste de journée est un copain à moi : il me fait payer la chambre et il garde le fric pour lui. Donc, il a tout intérêt à nous prendre. Par contre, il faudra que vous lui donniez du liquide, évidemment…

Comme Jessica avait ouvert la porte et pénétrait dans le minuscule hall, Marceau Sainpère, toujours hésitant, se décida d'un coup et la suivit.

Il n'y avait personne, derrière le petit comptoir de la réception. Cela ne gêna nullement Jessica, qui le contourna et prit l'une des cinq ou six clés présentes au tableau.

–On paiera en ressortant, j'ai l'habitude, Paul ne dira rien… expliqua-t-elle avec un sourire, avant de s'engager dans l'escalier étroit et très raide.

En grimpant les marches derrière elle, les yeux à quelques dizaines de centimètres de sa croupe rebondie et moulée dans le jean, Marceau Sainpère sentit son désir sexuel revenir et il en fut comme soulagé.

Malgré tout, dans un coin de sa tête, il y avait toujours la petite voix qui lui conseillait de faire demi-tour et de quitter cet hôtel aussi vite que possible…

La chambre était située au premier étage, juste à droite de l'escalier. L'hôtel semblait désert, il était en tout cas parfaitement silencieux.

Dès que la porte fut refermée, Marceau Sainpère sortit trois billets de cinquante euros de la poche arrière de son pantalon et les posa sur la table de nuit, cependant que Jessica faisait mine de ne rien voir.

Elle fila directement à la salle de bain attenante et, aussitôt, il entendit de l'eau couler. Il entreprit de se déshabiller, disposant soigneusement ses vêtements sur le dossier de l'unique petit fauteuil, au velours râpé.

Lorsque Jessica ressortit de la salle de bain, elle était entièrement nue. Le plus étonnant est qu'elle paraissait gênée de cette nudité, ce qui excita immédiatement Marceau Sainpère, qui sentit son sexe s'ériger.

Jessica le vit aussi et un petit sourire de satisfaction étira ses lèvres pleines et rouges.

Même lorsque sa relation avec un homme était avant tout « professionnelle », elle ne pouvait s'empêcher de ressentir une certaine fierté à voir son sexe s'ériger, gonfler, durcir et se dresser tout en même temps, et à penser que c'était elle et elle seule qui produisait cet effet surprenant, toujours un peu magique à ses yeux.

Jessica n'était pas totalement naïve non plus : elle savait très bien qu'elle avait tout ce qu'il fallait pour faire bander un homme, comme Marceau Sainpère était en train de le vérifier de ses petits yeux très mobiles.

Jessica avait un corps naturellement généreux, moelleux, accueillant, avec ses hanches larges et sa poitrine lourde, très légèrement tombante. À la jonction de ses cuisses rondes et souples, un petit triangle duveteux, couleur havane, minutieusement taillé.

Elle s'avança vers son client, la mine gourmande, sans avoir à se forcer. Décidément, cette espèce de lutteur à face de brute lui faisait un effet surprenant…

Marceau Sainpère poussa un petit soupir de satisfaction, lorsque les doigts potelés de Jessica s'enroulèrent autour de sa verge, à présent pleinement déployée.

Il laissa la jeune femme le caresser durant une petite minute, savourant le va-et-vient souple de son poignet. En même temps, il avait envoyé sa grosse patte de catcheur dans son dos cambré et pétrissait la chair douce et ferme de ses fesses rebondies, tandis que l'autre soupesait l'un après l'autre les beaux fruits mûrs de sa poitrine.

Il ressentit une certaine satisfaction de mâle en sentant sous ses doigts s'ériger les mamelons bruns.

Était-ce un hasard ? Un simple réflexe conditionné ? Ou bien fallait-il croire que cette fille qui le masturbait avec beaucoup de science et de douceur était excitée par le fait d'être avec lui ? Ça demandait vérification...

Délaissant les seins généreux de Jessica, le Boiteux glissa sa main entre ses cuisses, qu'elle écarta complaisamment, avec un petit gloussement de satisfaction.

Gloussement qui se transforma en un soupir un peu rauque, lorsque les gros doigts de son partenaire s'enfoncèrent lentement dans son intimité.

Marceau Sainpère constata avec une certaine fierté que la gaine soyeuse et chaude était inondée de miel. Preuve qu'il ne laissait pas sa partenaire indifférente.

– Suce-moi ! gronda-t-il d'une voix sourde, en posant sa grosse patte sur l'épaule ronde de Jessica.

Celle-ci se laissa tomber à genoux sur la descente de lit, sans se faire prier. Dès son adolescence, et contrairement à beaucoup de ses copines, avec qui elle parlait de « ces choses-là », elle avait toujours aimé prendre un sexe d'homme dans sa bouche, le sentir vibrer de plaisir sous sa langue. Peut-être parce que c'était la première expérience sexuelle qu'elle avait vécue avec un homme, et non avec un gamin de son âge, alors qu'elle venait tout juste d'avoir treize ans.

Jean-Charles, le voisin de ses parents, à Riom, en Auvergne, lui paraissait très vieux, alors. Mais, avec le recul, elle se disait qu'il ne devait pas avoir plus de quarante ans.

Un jour, son père avait demandé à Jessica de bien vouloir rapporter aux voisins l'outil qu'il leur avait emprunté quelques jours plus tôt (elle était incapable de se souvenir de quel objet précis il s'agissait).

C'était l'été, il faisait très chaud. Jessica, pas encore bien consciente de l'effet que son corps déjà bien développé pouvait produire sur les mâles, s'était présentée à la porte de leur maison, simplement vêtue d'une petite robe à fleurs, à demi transparente pour peu qu'elle se trouve à contre-jour. Dessous, une petite culotte blanche et c'est tout.

Comme personne ne répondait à son coup de sonnette, elle avait fait le tour de la maison, voir si elle ne pourrait pas déposer son outil quelque part.

Elle tomba nez à nez avec Jean-Charles, un bel homme brun, aux cheveux courts et au teint mat, très sportif. Il faisait du rangement dans l'appentis. En raison de la chaleur, il ne portait qu'un petit short de sport.

Jean-Charles lui avoua, quelques mois plus tard, que c'est à cette seconde précise, lorsqu'elle était apparue à la porte de l'appentis, le soleil dessinant son corps juvénile avec une affolante précision, qu'il avait brusquement pris conscience qu'elle n'était plus la gamine qu'il avait l'habitude de voir jouer sur le trottoir de leurs deux pavillons.

Ce dont Jessica se souvenait parfaitement, elle, c'est de la bosse énorme (qui lui avait paru énorme, alors) qui avait pris naissance à l'intérieur du short de son voisin.

Elle aurait pu tourner les talons, retraverser le jardin et rentrer chez elle en faisant celle qui n'avait rien remarqué. C'est d'ailleurs ce que son cerveau lui commanda de faire, dans un premier temps.

Mais, dans la seconde suivante, elle sentit une boule de chaleur se former au creux de son ventre – chaleur délicieuse et irrésistible.

Alors, plutôt que de faire demi-tour, Jessica avait au contraire fait un pas à l'intérieur de l'appentis, les yeux braqués sur le short de plus en plus tendu de Jean-Charles. Et, stupéfaite de sa propre audace, elle avait même repoussé la porte de bois derrière elle…

Jessica était souvent retournée chez les voisins, jusqu'à ce qu'ils déménagent, deux ans plus tard. Dès que la femme de Jean-Charles s'en allait, celui-ci sortait de la maison et se dirigeait ostensiblement vers l'appentis. Où Jessica allait le rejoindre. À chaque fois, elle le prenait dans sa bouche, où il jouissait sans retenue.

Et c'est sous les coups de langue habiles de Jean-Charles qu'elle avait connu son premier véritable orgasme.

Onze ans plus tard, dans un petit hôtel du quartier

des Champs-Elysées, Marceau Sainpère, sans s'en douter, profitait de la science acquise par Jessica dans un appentis.

La langue de la jeune femme était d'une souplesse, d'une douceur et d'une agilité affolantes.

Pour l'inciter à l'avaler encore plus profondément, il lui saisit doucement la tête à hauteur des mâchoires.

En sentant sous ses doigts battre les artères du cou de Jessica, Marceau Sainpère fut traversé par une violente décharge électrique.

Soudain, un voile se déchira dans son esprit et il comprit ce qui se passait en lui, depuis plusieurs jours. Il sut pourquoi ses appétits sexuels s'étaient brusquement réveillés.

Et il en fut épouvanté.

Alors que Jessica, sans se douter de rien, continuait d'engloutir sa verge dressée et palpitante, une autre image était venue se superposer dans son esprit à celle de cette fille nue, agenouillée devant lui.

Avec tant de force qu'elle prenait maintenant toute la place, effaçant tout ce qui n'était pas elle.

Cette image, c'était celle de cette Corinne Joyon, la fille qu'il avait noyée dans le chocolat.

Et la sensation dont il avait besoin, qu'il cherchait confusément à retrouver depuis quelques jours, c'était les battements de plus en plus faibles de son agonie, tandis qu'il lui maintenait la tête dans le chocolat fondu.

En appliquant ses doigts sur les artères du cou de Jessica, tout lui était revenu d'un coup et il avait compris ce qui n'allait plus chez lui.

Marceau Sainpère comprenait brusquement que ce n'était pas de sexe qu'il avait besoin.

Ces images érotiques qui l'assaillaient chaque matin, au réveil, il ne les avait pas correctement interprétées, elles l'avaient induit en erreur.

Il avait envie de femmes, tout d'un coup ? Oui, certes, mais pas pour faire l'amour avec elles.

C'est une autre sensation, plus violente, que les tréfonds mystérieux de son esprit réclamaient, et qu'il avait mis du temps à comprendre.

La seule chose qui pourrait l'apaiser, désormais, ce n'était pas de décharger sa semence dans une bouche ou un ventre de femme.

Pour redevenir normal, apaisé, tranquille, comme avant, il lui fallait absolument sentir de nouveau l'affolante pulsation de la vie qui s'échappe sous ses doigts.

Il fallait qu'il tue.

Et il y avait cette fille, là, agenouillée devant lui, aspirant goulûment son sexe toujours aussi tendu, malgré les pensées terrifiantes qui tournoyaient dans son esprit.

Alors, sans même avoir nettement conscience de ce qu'il faisait, Marceau Sainpère laissa ses mains descendre encore un peu, puis se refermer autour du cou potelé de Jessica.

Et il commença à serrer.

CHAPITRE X

Il était presque midi lorsque Boris Corentin parvint au troisième étage d'un immeuble ancien et peu reluisant de la rue Doudeauville, entre Château-Rouge et Barbès.

Sur l'une des trois portes de bois, dont la peinture n'était plus qu'un vague souvenir, était punaisée une affiche montrant une catcheuse en pleine action.

Pas de doute : c'est bien là qu'habitait la personne qu'il venait voir.

Vanessa-la-dingue.

Dont le vrai nom, écrit au feutre noir directement sur le mur, au-dessus du bouton de sonnette, était déjà beaucoup moins évocateur : Josyane Vilain. Évidemment, ça cassait un peu le rêve et le fantasme…

Boris Corentin enfonça le bouton, mais aucun son ne lui parvint de l'autre côté de la porte.

Hors d'usage, il aurait pu le parier…

Il frappa trois coups sur le panneau plutôt vétuste

de la porte, provoquant aussitôt les miaulements aigus d'un chat, juste de l'autre côté.

Mais rien d'autre.

Un pli de contrariété se forma au front de Corentin. Le patron de la salle de sport où s'entraînait Vanessa, que l'on avait « persuadé » de collaborer, avait été catégorique :

– Vanessa a eu un match hier soir, elle dut se coucher à pas d'heure : vous la trouverez chez elle, forcé…

Et il avait précisé qu'elle ne devait venir s'entraîner qu'à partir de quatre heures de l'après-midi.

Sauf que, manifestement, malgré ces belles assurances, elle n'y était pas, chez elle…

C'était contrariant car, dans le plan qu'ils avaient mis au point, Aimé Brichot, Géraldine Hébert et lui, lors du dîner chez la jeune femme, il était primordial que Vanessa *ne soit pas* à la salle d'entraînement lorsque l'Allemande se pointerait pour l'y voir. De façon à laisser toute liberté de manœuvre à Géraldine Hébert.

Du coup, puisque Vanessa n'était pas chez elle, ça allait contraindre Boris à aller l'attendre près de la salle d'entraînement afin de l'intercepter lorsqu'elle y arriverait. En courant le risque de se faire repérer par l'Allemande, si elle arrivait à ce moment-là.

Par acquit de conscience, avant de quitter les lieux, Corentin frappa une nouvelle fois à la porte, un peu plus fort. Aussitôt, le chat se remit à miauler.

Lui, au moins, il était là…

Boris Corentin avait déjà le pied sur la première marche, lorsqu'une voix féminine quelque peu enrouée se fit entendre derrière la porte :

– Ouais ! qu'est-ce que c'est encore ? Si c'est pour me vendre un truc, cassez-vous !

À sa voix, Corentin comprit que Vanessa n'était pas absente mais simplement encore endormie. Comme avait dit son entraîneur, elle avait dû se coucher « à pas d'heure », ce qui expliquait la grasse matinée…

Il se présenta, ce qui eut pour effet de faire s'ouvrir la porte. Vanessa apparut enveloppée dans une robe de chambre molletonnée rouge vif, les yeux encore vaguement gonflés par le sommeil dont elle venait juste de sortir.

– Ben… qu'est-ce que vous faites là, vous ? demanda-t-elle, l'air surpris.

– J'avais besoin de vous parlez de quelque chose de sérieux, répondit Corentin, avec son plus beau sourire. Vous permettez que j'entre un moment ?

– Euh… oui, si vous voulez, dit-elle, en s'écartant pour le laisser passer. Mais vous auriez pu prévenir : j'aurais mis le réveil et je me serais faite belle pour vous recevoir. Tandis que là, je dois être immonde !

« Bon, se dit Boris, si la femelle reprend le dessus, c'est qu'elle est complètement réveillée… »

Effectivement, dès qu'elle eut refermé sa porte, et

pensant que son hôte ne la voyait pas, Vanessa écarta rapidement les pans de sa robe de chambre, de manière à rendre visible la naissance de son opulente poitrine.

– Venez par ici, on va passer au salon, dit-elle, en désignant la porte en bois et verre dépoli qui se trouvait juste en face. À moins que vous ne préfériez ma chambre, bien sûr !

Pas encore très bien réveillée, mais déjà d'attaque, la catcheuse…

– Le salon ira très bien, assure très sérieusement Boris Corentin en y pénétrant.

C'était une pièce rectangulaire, avec deux fenêtres donnant sur la rue Doudeauville, et dans laquelle régnait un fouillis décourageant la description.

Vanessa dégagea le canapé à moitié défoncé, c'est-à-dire qu'elle envoya valdinguer par terre les revues et les vêtements qui s'y entassaient.

– Assyez-vous, je vous en prie, dit-elle sur un ton qui se voulait cérémonieux et qui contrastait comiquement avec le foutoir ambiant. Est-ce que vous voulez que je nous fasse un café ?

– Ce ne sera pas nécessaire, Mademoiselle Vanessa, répondit Corentin qui avait hâte d'en finir.

– Oh ! dites : laissez un peu tomber Vanessa ! Ici, je suis Josyane et c'est marre !

Le ton cérémonieux n'avait pas tenu bien longtemps, le naturel revenait à la vitesse de la marée montant dans la baie du Mont-Saint-Michel…

Elle prit place à côté de lui, assise de biais sur le bord du canapé, sans paraître s'aviser que les pans de sa robe de chambre s'étaient ouverts et laissaient les trois quarts de ses cuisses à nu.

– Alors ? Quel bon vent vous amène, Monsieur le flic ? Je suppose que c'est pas mon charme personnel…

– Pas seulement, répondit galamment Corentin. En fait, j'ai un service à vous demander…

– Allons bon ! et qu'est-ce qui faut que je fasse, pour vous être agréable ?

Boris avait l'impression qu'elle parvenait à glisser un sous-entendu érotique dans chacune de ses phrases.

– Je ne vais pas vous demander de faire quelque chose, mais au contraire *de ne pas faire* ce que vous aviez prévu de faire, répondit-il.

– Je suis peut-être idiote, mais je comprends rien à ce que vous me chantez, là…

Boris Corentin lui expliqua en trois phrases ce qu'il attendait d'elle, à savoir qu'elle ne se rende pas à l'entraînement aujourd'hui. Le visage de Vanessa se ferma brusquement à double tour et elle laissa tomber d'une voix nette :

– Alors là, il n'en est pas question ! Je dois absolument aller m'entraîner cet après-midi et je le ferai ! Vous n'avez absolument pas le droit de m'en empêcher !

Boris Corentin vit que l'affaire était mal emmanchée et que la régler à l'amiable, il n'y fallait plus songer. Il décida donc d'enclencher la vitesse supérieure.

–Mademoiselle Vilain, attaqua-t-il d'une voix glaciale, vous êtes en train de vous moquer de moi. Vous vous fichez complètement de rater une séance d'entraînement. Seulement, ce que vous ne voulez pas manquer, c'est la visite de l'Allemande qui vous a proposé un joli paquet de fric pour aller vous exhiber chez elle !

Sous le coup de la stupéfaction, Vanessa ne songea même pas à nier et se trahit aussitôt :

–Mais comment vous savez ça ?

–C'est mon métier, de savoir certaines choses qu'on essaie de me cacher ! répondit-il sèchement, tout en jubilant intérieurement.

Maintenant que la brèche était aussi largement ouverte, il allait avoir facilement barre sur la catcheuse. Vanessa essaya tout de même de crâner :

–Et quand bien même ? Ça n'est pas illégal, que je sache, d'aller disputer un match de catch devant des amateurs, des vrais, qui vous paient pour ça !

Boris Corentin décida d'enfoncer le clou en y allant un peu au flanc :

–D'abord, arrêtez de me prendre pour un naïf ! Vous savez aussi bien que moi que ce n'est pas uniquement pour le catch qu'on vous paie ! Ce que vous projetiez de faire, c'est autre chose : cela s'appelle de la prostitution. Et, là, ça commence à devenir un peu plus délicat pour vous : imaginez que l'information se répande dans les milieux du catch ? Vous la voyez comment, la suite de votre carrière ?

Vanessa devint subitement plus pâle. Profitant de cet accès de faiblesse, Corentin décida de porter l'estocade, en jouant un gros coup de bluff :

– En plus, c'est un milieu que nous surveillons de très près depuis un certain temps, car il s'agit d'une sorte de plaque tournante pour le trafic de drogue. Il serait vraiment regrettable que vous soyez mêlée à tout ça, vous ne trouvez pas ? Là encore, si ça venait à se savoir dans les salles d'entraînement… Et ça peut venir à se savoir, *pour peu que je m'en occupe sérieusement…*

– Vous êtes vraiment un beau salaud de flic… soupira Vanessa, mais sans aucune agressivité dans le ton, juste comme un simple constat.

Corentin eut même la fugitive impression que c'était presque un compliment qu'elle lui faisait. Il décida de lui passer un peu de baume sur la plaie.

– Au fond, ce n'est pas bien terrible, ce que je vous demande, dit-il d'une voix plus douce, en posant sa main sur le bras de la catcheuse, qui frissonna légèrement. Vous téléphonez à la salle, vous dites que vous êtes malade et que vous ne pouvez pas sortir de votre lit… et le tour est joué !

Vanessa resta rêveuse durant quelques secondes. Puis, elle releva la tête et regarda Boris dans les yeux. Ce qu'il lut dans les siens lui fit comprendre ce qu'elle avait en tête, avant même qu'elle n'ouvre la bouche.

– Et si je vous proposais un petit marché, Monsieur le flic ? murmura-t-elle d'une voix plus rauque.

– Un marché ? fit innocemment Corentin. Et de quel genre, je vous prie ?

– Du genre donnant-donnant, répliqua-t-elle. Je veux bien dire à mon entraîneur que je suis malade au point de ne pas pouvoir quitter mon lit. Mais comme je suis une fille qui dit toujours la vérité, ça va m'obliger à y retourner, dans mon lit.

– Et alors ? Je ne vois pas où est le problème, dit Boris, qui le voyait très bien au contraire.

– Le problème, c'est que je n'irai, dans mon lit, que si vous venez y passer un moment avec moi…

Et, pour bien faire comprendre que, dans son esprit, il ne s'agissait nullement d'un simple repos réparateur, elle posa doucement sa main sur la braguette de Corentin. Lequel, résigné, la laissa le masser, en demandant mentalement pardon à Géraldine Hébert.

La veille, il avait affirmé hautement devant elle que la catcheuse n'était pas du tout son genre.

C'était vrai alors, et ça l'était toujours.

Seulement, à présent, il s'agissait de se dévouer pour le bien d'une enquête. Presque pour l'honneur de la police nationale française.

Est-ce qu'on peut se permettre d'hésiter quand on s'appelle Boris Corentin et que l'honneur de la police est entre vos mains, ou plutôt entre vos jambes ?

Non, bien entendu.

Et puis, de toute façon, sous les agaceries de plus en plus appuyées de Vanessa, il était déjà en pleine érection.

*

* *

–Non, plus haut, ton pied, Géraldine ! Et en pivotant sur l'autre en même temps, sinon, ça ne sert à rien !

Géraldine Hébert reprit sa position initiale, près des cordes du ring, afin de porter un nouveau *Big Boot* au visage de son adversaire, plantée au centre du ring.

Celle-ci, une imposante blonde très musclée, un visage d'une vulgarité à peine soutenable et un regard de poisson mort (d'après Géraldine) la regardait avec un petit sourire ironique, les poings sur les hanches.

Géraldine était à la salle d'entraînement depuis le matin, et elle n'en pouvait réellement plus. Elle avait l'impression que chacun de ses muscles lui faisait mal, y compris un certain nombre dont elle ne soupçonnait même pas l'existence et qui s'étaient révélés à elle pour l'occasion.

L'avant-veille, lorsqu'elle avait émis l'idée de s'inscrire comme apprentie catcheuse à la salle où la mystérieuse Allemande devait revenir obtenir l'accord de Vanessa-la-dingue, elle avait un peu frimé, devant Corentin et Brichot :

– Ça ira très bien, j'en suis certaine : j'ai tout de même un entraînement sportif de bon niveau, non ?

Oui, oui, bien sûr, elle s'entraînait régulièrement au stade et au gymnase de l'ASPP, l'association sportive de la police parisienne. Mais elle savait maintenant que ce n'était pas suffisant pour devenir une bonne catcheuse. Ni même une catcheuse médiocre.

Du coup, depuis son arrivée sur le ring, Géraldine regardait ces filles avec beaucoup plus de respect…

De nouveau, elle s'élança vers son adversaire, sauta, détendit la jambe en la levant aussi haut qu'elle le pouvait, afin d'atteindre la fille au visage, et… elle se retrouva au tapis, sans bien avoir compris ce qui lui arrivait !

En fait, son adversaire avait largement eu le temps d'anticiper l'action, de reculer le buste pour éviter le coup de pied, puis de saisir la jambe de Géraldine et, par un brusque mouvement de torsion, de la flanquer par terre.

– Il va falloir travailler sur la rapidité, Géraldine, sinon tu n'arriveras à rien ! brailla l'entraîneur. Bon, on va dire que ça suffit pour aujourd'hui : tu peux filer sous la douche !

Géraldine ne se le fit pas dire deux fois et c'est avec un intense soulagement qu'elle passa entre les cordes et descendit du ring pour filer en direction du vestiaire.

La douche très chaude lui fit un bien fou et elle prit plaisir à s'y attarder un long moment, terminant par un jet d'eau froide qui lui coupa presque la respiration.

Dégoulinante d'eau, Géraldine tira le rideau translucide et eut un sursaut.

Juste devant elle, lui tendant une grosse serviette éponge avec un petit sourire, se tenait une femme blonde, aux cheveux courts, grande, vraiment belle et superbement faite. En saisissant machinalement la serviette, Géraldine se dit que, si elle n'avait pas été autant amoureuse de Liselotte, elle aurait pu avoir bien des faiblesses pour l'inconnue…

–J'ai vu la fin de votre entraînement, tout à l'heure, lui dit la femme blonde. Vous vous débrouillez plutôt bien, pour une débutante, vous avez de la souplesse et de la vivacité… Évidemment, il y a encore beaucoup de travail, mais vous avez une chance d'y arriver.

Tout en se séchant, Géraldine Hébert parvint à conserver un visage impassible.

La femme qui venait de lui faire ces compliments s'exprimait avec un accent *allemand*.

On était à pied d'œuvre…

Géraldine continua de se sécher méthodiquement, en prenant son temps, histoire de laisser l'Allemande venir. En même temps, elle s'apercevait que celle-ci détaillait son corps nu avec des yeux un peu trop brillants, un intérêt qui n'était pas purement esthétique.

« Toi, ma grande, je suis certaine que tu en croques ! songea Géraldine, plutôt amusée. Ton intérêt pour les catcheuses n'est pas simplement sportif… »

Elle rangea soigneusement dans un coin de son esprit cette information qui pouvait toujours lui être utile.

Elle en était à se contorsionner pour s'essuyer le dos et le bas des reins.

– Attendez, je vais vous aider, décréta l'Allemande, en lui prenant la serviette des mains.

– Merci Madame… souffla Géraldine.

– Appelez-moi Sonia, je vous en prie !

Elle avait entrepris de frotter doucement les épaules et le dos de Géraldine avec la serviette, si près que cette dernière pouvait sentir son souffle tiède lui chatouiller la nuque.

Elle fut à peine surprise lorsque les lèvres de Sonia se posèrent à la base de son cou, pour un petit baiser furtif. Géraldine n'eut aucune réaction.

Prenant son inertie pour un consentement, Sonia l'embrassa de nouveau, de manière plus appuyée cette fois, tout près de l'oreille. Une fois, puis une autre…

Géraldine laissait faire, mais conservait la tête parfaitement froide. Son but était d'allumer le désir de l'Allemande pour elle, de façon à ce que celle-ci ait envie d'aller plus loin. De l'allumer, mais pas de le satisfaire.

Aussi, lorsque Sonia laissa tomber la serviette et plaqua délicatement ses paumes sur ses seins, Géraldine se dégagea pour échapper à sa caresse. Mais elle le fit avec beaucoup de douceur et de gentillesse, pour ne rien compromettre de ses rapports futurs avec l'Allemande.

– Non, pas maintenant… murmura-t-elle, en baissant pudiquement les yeux. Et pas ici…

Elle vit que le visage de l'Allemande s'était empourpré et que ses yeux lançaient des éclairs de lubricité inassouvie. Si ça continuait, elle allait se jeter sur elle et la violer séance tenante. Il fallait faire diversion…

– Vous aviez besoin de quelque chose, au fait ? demanda innocemment Géraldine, en se dépêchant de s'habiller pour soustraire son corps aux appétits de l'Allemande. Je peux faire quelque chose pour vous ?

Sonia Schiele parut avoir du mal à sortir de son rêve érotique, mais elle y parvint tout de même.

– Euh… Ah ! oui : je cherchais Vanessa ! finit-elle par dire. Vous ne savez pas si elle est dans les parages ?

Géradline prit son air le plus innocent et répondit d'une voix très naturelle :

– Vanessa ? Écoutez, je ne la connais pas encore, mais tout à l'heure il me semble bien avoir entendu l'entraîneur dire à je ne sais qui qu'elle était malade et qu'elle ne pourrait pas sortir de chez elle avant au moins trois ou quatre jours. Mais j'ai peut-être mal compris, hein…

Une vive contrariété se peignit sur les traits réguliers de l'Allemande. L'absence de Vanessa n'avait pas l'air de faire ses affaires – et c'est bien là-dessus que reposait le plan ourdi par les trois policiers de la Brigade mondaine.

– Elle vous avait donné rendez-vous ici ? demanda Géraldine, toujours pleine d'une innocence parfaitement jouée.

– C'est moi qui lui avais fixé rendez-vous à cette idiote ! grinça Sonia entre ses dents. Maintenant, tout est par terre à cause d'elle ! *Scheise*[1] !...

– Ah oui, c'est toujours énervant, ce genre de contretemps, fit Géraldine, en la jouant limite nunuche. Mais, bon, d'un autre côté, si elle est malade, elle est malade, hein ?

Soudain, une idée parut traverser l'esprit de Sonia Schiele, qui enveloppa Géraldine d'un long regard, à la fois intense et un peu dubitatif.

Géraldine sentit les battements de son cœur s'accélérer. Elle avait l'impression d'être arrivée au moment crucial, celui où tout allait se jouer.

Et, effectivement :

– J'aurais peut-être une proposition à vous faire,

1. « Merde », en allemand.

murmura Sonia, Mademoiselle…

– Géraldine…

– Géraldine, très bien. C'est une proposition assez spéciale, mais qui est très intéressante financièrement…

– Dans ce cas, je vous dis oui tout de suite ! s'exclama gaiement Géraldine, avec un large sourire, qui fit apparaître sa petite fossette à la joue droite. Des problèmes de thune, j'en ai jusque là, alors…

– Attendez tout de même de savoir de quoi il s'agit, répondit prudemment l'Allemande. Tenez, venez vous asseoir près de moi, que je vous explique…

Trois minutes plus tard, Géraldine Hébert avait le plus grand mal à cacher l'excitation qui s'était emparée d'elle.

Boris Corentin avait vu juste, une fois de plus : c'est bel et bien une sorte d'orgie que Sonia Schiele venait de lui proposer, avec match de catch *dans du chocolat fondu*.

– Si vous êtes intéressée, comme vous n'êtes pas vraiment catcheuse encore, poursuivait Sonia, on pourrait imaginer un petit scénario dans lequel une vraie pro apprendrait ce qu'elle sait à une débutante – vous – et se mettrait à la dominer, quelque chose comme ça…

– Oui, ça peut être très amusant, répondit Géraldine. Et puis, rien que l'idée de pouvoir me rouler dans le chocolat, ça m'excite à mort !

Sonia Schiele, suivant son habitude, voulut que tout soit bien clair, entre sa nouvelle recrue et elle.

– J'espère que nous nous sommes parfaitement comprises, martela-t-elle. Pour le prix que je vous offre, il faudra vous prêter sans la moindre réticence à tout ce que les participants auront envie de faire avec vous…

– C'est pas un problème, assura Géraldine avec une voix insouciante. Je ne suis pas bégueule pour deux ronds et j'adore baiser, alors…

– Il y a aussi quelques femmes, dans notre petit groupe d'amies, ajouta Sonia. Des femmes qui aiment beaucoup les jeunes et jolies catcheuses comme vous : j'espère que vous n'avez rien contre…

Jouant le jeu à fond, Géraldine Hébert braqua son regard émeraude dans les yeux clairs de l'Allemande et répondit d'une voix sourde :

– Vous savez bien que non…

Prenant la phrase pour une invite, Sonia saisit le visage rond de Géraldine entre ses mains et posa doucement ses lèvres sur les siennes, forçant presque timidement leur barrage du bout de la langue.

Le premier réflexe de Géraldine fut de refuser le baiser, mais elle se dit que ce ne serait pas de très bonne politique et, finalement, elle le lui rendit, laissant même l'Allemande caresser ses seins à travers son tee-shirt.

En demandant mentalement pardon à Liselotte, pour cette tromperie « en service commandé »...

Elle se dégagea cependant lorsque les doigts impatients de Sonia tentèrent de s'insinuer sous son vêtement. Elle le fit avec un petit sourire d'excuse et répéta :

– Non, pas ici... le fait que quelqu'un puisse entrer, ça me bloque l'envie...

L'Allemande eut un petit sourire indulgent, semblant accepter l'excuse, et sortit une carte de visite de la poche droite de sa veste de tailleur, qu'elle tendit à Géraldine :

– Tenez, c'est l'adresse où je vous attendrai demain. C'est très facile d'accès, par le RER. La soirée ne débute pas avant neuf heures, mais tâchez d'être là au plus tard à sept, qu'on ait le temps de tout régler... et de faire plus ample connaissance, ajouta-t-elle, en flattant rapidement la croupe ronde et ferme de Géraldine.

Celle-ci attendit que l'Allemande ait quitté le vestiaire et se soit éloignée dans le couloir conduisant vers la sortie de la salle, avant d'enfiler son blouson et de vider rapidement les lieux à son tour.

Il n'était pas question qu'elle lâche cette femme d'une semelle, tant qu'elle ne saurait pas où elle allait. Il était important pour la suite de la « loger ».

Lorsqu'elle se retrouva sur le trottoir, elle repéra tout de suite la longue silhouette de l'Allemande. Celle-ci se dirigeait manifestement vers la station de taxis de la place de la Bastille et Géraldine jura à voix basse.

Si Sonia grimpait dans un taxi, elle avait toutes les chances de la perdre.

Effectivement, l'Allemande prit place sous l'abri, aucune voiture n'étant en station pour le moment. Ce qui donna une idée à Géraldine Hébert.

Avec un peu de chance…

Elle sortit son portable de sa poche et appuya sur la touche « mémoire » correspondant au téléphone de Jonathan Kepler, son « fiancé ».

– Jonathan ? T'es où ? C'est Géraldine…

– Je suis à la maison, *why* ?

– Tu as trois minutes pour sauter sur ta moto et passer me prendre devant la Fnac-Bastille !

– Ça roule ! répondit joyeusement le jeune homme, heureux de rendre service à sa « promise ». Et on va où ?

– J'en sais rien…

– De mieux en mieux ! j'arrive…

Géraldine Hébert coupa la communication, remit son portable dans sa poche et alla se planter devant l'entrée de la Fnac, au coin de la rue de Charenton.

En priant pour que Sonia Schiele ne grimpe pas dans un taxi avant l'arrivée de Jonathan.

Chapitre XI

Il était presque six heures du soir, lorsque Boris Corentin refit son apparition dans le bureau des Affaires recommandées. Les jambes légèrement cotonneuses.

– Ah, tout de même ! s'exclama Aimé Brichot, en levant les yeux de son clavier d'ordinateur. Tu en as mis un temps ! Qu'est-ce qui t'est arrivé ?

– Eh bien… disons que Mademoiselle Vanessa a été très longue à convaincre de ne pas se rendre ces jours-ci à sa salle d'entraînement, répondit Boris, en se laissant tomber sur son fauteuil à roulettes.

La catcheuse avait surtout été longue à rassasier. Dans sa carrière de séducteur, Boris Corentin avait connu un certain nombre d'assoiffées de sexe. Mais au point où en était Vanessa, vraiment très peu. Et encore n'avait-il pu échapper à ses griffes qu'en lui donnant son adresse, rue de Turbigo. Sinon, il y serait probablement encore.

Cela dit, il pouvait se flatter d'avoir porté haut les

couleurs de la police française…

–Il y a du nouveau, d'un côté ou de l'autre? voulut savoir Boris Corentin.

–Oui, justement, j'allais t'appeler sur ton portable pour te l'annoncer, répondit Brichot. Géraldine a appelé il y a une dizaine de minutes pour dire qu'elle avait été abordée par notre fameuse Allemande.

–Génial! s'exclama Corentin. Et?

–Eh bien, ton intuition était la bonne: la fille, qui s'appelle Sonia Schiele, lui a proposé de participer à une soirée privée afin de s'y livrer à un combat de catch dans le chocolat fondu. Avec, ensuite, diverses réjouissances, telles que tu peux les imaginer.

Boris Corentin songea fugitivement que ce genre de soirée orgiaque aurait été plus dans les cordes – c'était le cas de le dire – d'une dévoreuse insatiable comme Vanessa. Mais il revint aussitôt aux préoccupations de l'heure.

–Et comment se fait-il qu'elle ne soit pas revenue directement ici? demanda-t-il.

Aimé Brichot prit un air ennuyé:

–Elle m'a dit qu'elle voulait absolument savoir où allait l'Allemande et qu'elle la prenait en filature.

–Mais tu aurais dû l'en empêcher! explosa Corentin.

–Qu'est-ce que tu crois? Bien sûr que j'ai essayé! Seulement, elle est maligne ta Géraldine.

Maligne et têtue comme une mule: elle m'a dit qu'elle était obligée de couper et, depuis, elle ne prend plus les appels.

–Ça, je dois dire que ça ne m'étonne pas d'elle, fit Boris, avec un léger sourire. Bon, espérons que tout se passera bien. Mais elle la filoche comment ? À pied ? Dans Paris ?

–Non. Quand elle a téléphoné, Sonia Schiele attendait un taxi place de la Bastille et Géraldine, elle, attendait Jonathan qui devait passer la prendre avec sa moto.

–Bon, au moins elle n'est pas toute seule, c'est déjà ça... soupira Corentin.

Il allait ajouter autre chose, mais le téléphone d'Aimé Brichot se mit à sonner et il se tut.

À voir les yeux de son coéquipier se mettre à briller soudainement, à la façon dont il se tortillait sur son fauteuil, Corentin comprit qu'il se passait quelque chose d'important.

–Vous êtes bien certain ? était en train de demander Aimé Brichot, tout en griffonnant hâtivement quelque chose sur le bloc de *post it* posé devant lui. Bon, bon, très bien ! Je vous remercie de m'avoir appelé tout de suite, Monsieur Battel... C'est ça, vous de même.

Aimé Brichot coupa la communication et jaillit littéralement de son fauteuil en exultant:

–Boris, je crois que, cette fois, on tient vraiment du sérieux ! Les analyses des traces de chocolat recueillies par Flutiaux sur le corps de Corinne Joyon ont parlé. Et, coup de bol, c'est précisément un produit de chez eux. Donc, Battel, le gars que j'avais vu au siège social, a pris l'initiative de vérifier les listes de livraisons et, tiens-toi bien…

– Je me tiens, Mémé, je me tiens…

– Ils ont livré deux cent cinquante kilos de chocolat à un particulier, le matin même du jour où Corinne Joyon a été tuée !

– En effet, c'est intéressant, fit Corentin, en quittant son fauteuil à son tour. Et il est où ce particulier ?

– Dans la vallée d e la Bièvre, j'ai noté l'adresse ici. On y va maintenant ?

– Non, je préfère attendre le retour de Géraldine, on ne sait jamais, répondit Corentin, après une seconde de réflexion. De toute façon, aller là-bas pour quoi faire ? On n'a pas de commission rogatoire, juste des soupçons. Non, pour l'instant, je te paie une bière en bas !

Boris Corentin ouvrit la porte, fit un pas hors du bureau… et reçut le jeune lieutenant François Laval en pleine poitrine. Heureusement, c'était un jeune homme fluet. Qui faillit perdre ses lunettes à cause du choc.

– Oh ! pardon, commandant, s'excusa-t-il, en rougissant comme une jeune fille. Excusez-moi, je… j'avais la tête ailleurs et je…

– C'est bon, c'est bon, y a pas mort d'homme ! le

rassura Corentin avec un petit sourire indulgent. Mais vous aviez l'air bien pressé. Un rendez-vous galant ?

– Non, un boulot qui vient de me tomber dessus à l'instant, répondit François Laval, tandis que les trois hommes descendaient l'escalier. Une prostituée qui a été étranglée par son client, dans un petit hôtel derrière la rue de Berri.

– Le coupable a été arrêté ? demanda Boris Corentin.

Il avait toujours eu cette habitude de s'intéresser à toutes les affaires, même quand elles ne le concernaient pas. D'abord, cela faisait plaisir à l'inspecteur qui en était chargé, ensuite ça lui avait permis plusieurs fois, grâce à des rapprochements que lui autorisait sa formidable mémoire, de résoudre des énigmes de façon inespérée.

– Non, répondit Laval, alors qu'ils arrivaient dans la cour intérieure de la PJ. Le réceptionniste se trouvait dans une petite salle en arrière du haut, et il ne les a pas vus arriver. Apparemment, la fille était une habituée et a pris sa clé toute seule. Tout ce qu'il a pu dire, pour l'instant, c'est qu'en revenant à son comptoir, il a vu sortir de l'hôtel un type hyperbaraqué ayant l'air d'une brute épaisse – ce sont ses mots –, qui n'a pas répondu à son appel et a disparu en boitant. Pour l'instant, c'est tout ce que j'ai…

Le jeune lieutenant les quitta sur le trottoir du quai des Orfèvres, Boris Corentin et Aimé Brichot traversèrent le boulevard pour aller s'attabler à la *Brasserie du Palais*, face au Palais de Justice.

– C'est curieux d'aller étrangler une prostituée dans une chambre d'hôtel, fit remarquer Aimé Brichot. Le type devait bien se douter qu'il avait toutes les chances de se faire repérer en sortant…

– Oui, effectivement… À moins qu'il ne l'ait tuée sous le coup d'une impulsion soudaine et incontrôlable…

*

* *

– Ralentis ! cria Géraldine pour se faire entendre de Jonathan malgré leurs deux casques. Vu la petite route que c'est, ils risquent de nous repérer.

– Et pourquoi ils nous repèreraient ? demanda avec bon sens Jonathan, en obéissant malgré tout. C'est un brave con de taxi, il n'a aucune raison de penser qu'il est suivi ! Vous lisez trop de mauvais polars, Mamzelle Géraldine…

En son for intérieur, elle dut reconnaître que son jeune pilote n'avait pas tout à fait tort…

Cela faisait plus d'une heure qu'ils « filochaient » la Mercedes grise dans laquelle avait pris place Sonia Schiele, à la Bastille. Le plus dur et le plus long avait été de sortir de Paris, vu l'état d'encombrement maximal du périphérique.

– Les autres motards doivent vraiment me prendre pour un con, à me voir arrêté là, derrière toutes ces bagnoles, au lieu de passer entre deux files ! avait grommelé Jonathan à la hauteur de la porte de Vanves. C'est vraiment parce que c'est pour vous, Mademoiselle Géraldine…

À partir de Vélizy, la circulation s'était fluidifiée et ils avaient atteint rapidement la vallée de la Bièvre. À présent, ils roulaient sur une route très étroite, déserte, et dans un paysage magnifique, serpentant entre les hauts murs de propriétés invisibles, mais que l'on devinait somptueuses.

–Fais gaffe, ils s'arrêtent ! dit soudain Géraldine, en voyant le taxi, à environ cent cinquante mètres devant eux, mettre son clignotant et se ranger devant la grille d'accès d'une propriété ceinte elle aussi de murs.

Jonathan fit les choses très bien. Il commença par ralentir en douceur, avant de bifurquer sur le bas-côté, à l'abri d'un gros buisson épineux qui les masquait aux occupants du taxi mais leur permettait tout de même de les observer.

–Je vais faire semblant de pisser, annonça le jeune homme en s'éloignant de deux mètres. Comme ça, si jamais ils nous voient, ils trouveront ça normal… D'ailleurs, plutôt que de faire semblant, je vais pisser pour de vrai, tiens !

Géraldine Hébert ne l'écoutait que d'une oreille, occupée à regarder l'Allemande descendre du taxi. Lequel repartit presque aussitôt et disparut rapidement de son champ visuel, au virage suivant.

–Donc, si elle a renvoyé le taxi, c'est qu'elle habite là. Ou, du moins, qu'elle compte y passer la soirée, murmura Géraldine pour elle-même. Et comme l'adresse est la même que celle où j'ai rendez-vous demain soir pour me rouler dans le chocolat avec une pétasse à gros seins…

–Eh ! c'est quoi cette histoire de chocolat et de pétasse à gros seins ? demanda Jonathan, qui, sa miction accomplie, était revenu vers Géraldine.

–Cela concerne une enquête en cours, répondit sévèrement la jeune femme. Il m'est donc impossible de t'en dire plus, tu dois le comprendre !

–Ce que je comprends, c'est que vous allez vous rouler dans le chocolat avec une pétasse à gros seins et que vous essayez de me vendre ça comme du boulot, rétorqua Jonathan. Vous me prenez vraiment pour un nase ? À ce point-là ? Je suis très peiné, vraiment…

Pour toute réponse, Géraldine lui prit la tête entre les mains et lui déposa un petit baiser sur les lèvres. Ce qui eut pour effet de lui clouer le bec.

–Je crois qu'on peut prendre le chemin du retour, décida-t-elle. Il ne se pass…

À ce moment, une voiture passa à leur hauteur, ralentit rapidement et s'arrêta à la hauteur de l'entrée de la propriété. Géraldine et Jonathan en virent descendre un homme massif, à faciès de brute, qui s'avança en claudiquant vers Sonia Schiele, qui attendait l'ouverture de la grille, sans doute actionnée électriquement.

–Putain, je ferais pas le fiérot si je devais me mesurer à un morceau de barbaque pareil ! souffla Jonathan. Une vraie armoire normande, en moins fragile ! À la place de votre Allemande, j'aurais la trouille…

–Voyons, tu vois bien qu'ils se connaissent, souffla Géraldine.

Effectivement, après avoir échangé quelques mots inaudibles, Sonia Schiele prit place dans la voiture de l'armoire normande, qui franchit la grille et disparut à leurs yeux.

–Bon, on replie les gaules ? demanda Jonathan, qui trouvait que la balade manquait un peu d'action et d'imprévu. Je suis pas trop sûr de mes lumières et j'aimerais bien qu'on soit à Paris avant qu'il fasse nuit… Remarquez, avec vous à l'arrière, je risque pas les emmerdes avec les keufs.

–Ça, on ne sait jamais ! rigola Géraldine. Mais tu as raison, on va rentrer. Je passe juste un petit coup de fil à Boris avant, pas qu'il s'inquiète de moi…

Elle tira son portable de sa poche et mit en action la touche mémoire correspondant au mobile de Corentin. Lequel décrocha à la deuxième sonnerie.

–Boris ?

–Ah ! c'est toi, Petit Bonhomme. Bien content de t'entendre. Tu sais que je n'aime pas beaucoup que tu prennes ce genre d'initiatives.

–Surtout, Grand chef, n'engueule pas Mémé à cause de ça, hein : c'est moi qui lui ai raccroché au nez, il n'y est pour rien. Bon, en attendant, j'ai « logé » notre Allemande. Apparemment, elle vit à l'adresse où elle m'a filé rencart pour demain...

–Avec une pétasse à gros seins ! claironna Jonathan, qui ne semblait pas digérer le truc.

–Et c'est quoi, cette adresse ? voulut savoir Boris Corentin. C'est à Paris ?

–Non, en banlieue. Tu as de quoi noter ?

–Va toujours...

Géraldine lui fournit l'adresse de la propriété, en la lisant sur la carte de visite que lui avait donnée Sonia.

–C'est bon, tu as noté ?

–Pas la peine, je l'avais déjà, répondit Boris Corentin, d'une voix qui parut soudain plus tendue à Géraldine. Bon, rentre immédiatement, Petit bonhomme : Mémé et moi, on t'attend à la brasserie du Palais.

–Ah ! parce que, en plus, vous êtes en train de vous arsouiller sans moi ! C'est du propre ! Bon, j'arrive. Je serai là dans...

–Vingt minutes max, lui glissa Jonathan.

–Vingt minutes max, répéta docilement Géraldine, avant de couper la communication.

Boris Corentin fit la même chose de son côté et reposa son téléphone sur la petite table de faux marbre, juste à côté du *post it* où figurait l'adresse communiquée par Géraldine.

C'était la même adresse que celle notée par Aimé Brichot, une dizaine de minutes plus tôt.

Celle où, le matin de la mort de Corinne Joyon, avaient été livrés deux cent cinquante kilos de chocolat.

CHAPITRE XII

Marceau Sainpère tournait dans la grande salle de combat encore déserte, tel un fauve dans sa cage. Dans son cerveau se livrait un violent combat, dont sa figure épaisse et impassible ne rendait aucun compte.

Il sentait, il savait que, pour lui, tout allait bientôt se terminer. Ça ne pouvait pas se passer autrement.

Lorsque ses gros doigts s'étaient refermés autour du cou gracile de Jessica, la jeune prostituée levée au *Deauville*, il avait ressenti un incroyable sentiment de puissance, une sorte d'ivresse sauvage.

Et, quand il avait senti sous son étreinte la vie de la jeune femme battre de ses dernières pulsations, émettre ses derniers soubresauts, il avait joui intensément, envoyant le puissant jet de sa semence à travers le visage de la morte, sans même avoir à toucher sa verge.

Cette sensation, cette ivresse, Marceau Sainpère savait qu'il ne pourrait plus s'en passer, qu'il n'aurait pas la force de s'en priver, s'il restait libre d'assouvir ses pulsions.

Or, il ne voulait pas que ça continue. Il avait déjà massacré deux filles et ses actes l'écœuraient profondément, en dehors du moment d'exaltation démente où il les avait commis et où il ne se possédait plus.

Donc, il fallait que ça s'arrête.

Mais comment ? Quoi faire ? Se livrer aux flics et tout avouer ? C'est une solution qui aurait le mérite de protéger sa chère Yolande, de l'innocenter de tout. Seulement, cette solution, Marceau Sainpère ne parvenait pas à s'y résoudre, ça lui semblait indigne.

Le suicide ? Tout son être y répugnait. C'était contraire à la foi catholique héritée de sa mère et qui ne l'avait jamais quitté, même s'il avait cessé de fréquenter les églises depuis très longtemps.

Il restait la solution de ne rien faire. Se laisser guider par le mauvais destin qui était le sien, jusqu'à ce qu'il se fasse prendre. Déjà, c'était un miracle si, à l'hôtel de la rue de Berri, il n'avait été repéré par personne, en quittant l'établissement après le meurtre de Jessica.

Un jour ou l'autre, il se ferait prendre et tout serait dit. Oui, c'est cela qu'il allait faire : rien.

Marceau Sainpère quitta à pas lourds la salle du ring où, tout à l'heure, les réjouissances battraient leur plein pour les invités de Yolande et pour les catcheuses recrutées pour l'occasion. Mais pas pour lui...

En passant devant la porte fermée du vestiaire des filles, il crut percevoir quelque chose qui ressemblait à des soupirs, ou à des sanglots rentrés. Il avait déjà la main sur la poignée, pour voir si tout allait bien, lorsqu'il se souvint qu'une demi-heure plus tôt, Sonia Schiele avait accueilli la première des catcheuses recrutées pour la Spéciale de ce soir.

« À tous les coups, songea-t-il, cette salope de Boche est en train de se payer sur la bête... »

Si c'était le cas ou non, Marceau avait un moyen très simple de le savoir...

Il s'engouffra dans la pièce contiguë au vestiaire, une sorte de grand débarras où on entassait depuis des lustres tout ce qui ne servait à rien, mais qui, suivant la formule bien connue, « pouvait toujours servir ».

En haut du mur mitoyen avec le vestiaire se trouvaient deux vasistas très étroits que personne ne s'était jamais avisé d'aveugler. Les carreaux en étaient très poussiéreux, mais pas assez pour qu'on ne puisse voir au travers ce qui se passait dans la pièce voisine.

Et ce qui s'y passait valait le coup d'œil, comme Marceau Sainpère, juché sur une petite table en fer plutôt branlante, pouvait maintenant en juger.

Sonia Schiele était affalée dans l'unique fauteuil du vestiaire, jupe retroussée sur les reins, jambes écartées au maximum. Agenouillée entre ses cuisses fuselées, la jeune catcheuse arrivée une demi-heure plus tôt, entièrement nue, plongeait son visage dans l'intimité blonde de l'Allemande, la fouillant avidement des lèvres et de la langue.

Les yeux mi-clos, la bouche entrouverte, Sonia paraissait apprécier le traitement.

De son perchoir, Marceau Sainpère pouvait voir onduler la croupe ronde et charnue de la fille occupée à brouter le minou de l'Allemande. Il devinait aussi la masse lourde et légèrement tombante de sa poitrine, ainsi que celle, plus menue, de Sonia, qu'elle avait mise à nue et malaxait elle-même avec une fièvre de plus en plus grande.

Sans prendre réellement conscience de ce que ses mains faisaient, Marceau déboutonna son pantalon de velours et fit jaillir son sexe noueux à l'air libre. Sans quitter des yeux l'affolant tableau qui s'offrait à lui, il entreprit de se masturber avec une vigueur presque brutale.

Il parvint très vite à la jouissance, envoyant deux ou trois jets de semence lactée sur le mur auquel sa main gauche était appuyée. La violence de son plaisir faillit le faire dégringoler de la petite table sur laquelle il était juché.

Au même moment, de l'autre côté du vasistas, Sonia Schiele exhala une longue plainte de plaisir, plaquant des deux mains la tête de sa lécheuse contre son sexe en fusion.

Comprenant que l'Allemande n'allait plus tarder à quitter le vestiaire, Marceau se dépêcha de redescendre de la table et de quitter la pièce.

Il remonta l'escalier conduisant au rez-de-chaussée et sortit par l'arrière de la propriété, qui offrait une vue magnifique sur le grand parc, aux pelouses impeccablement entretenues et aux grands arbres majestueux et dénudés.

Marceau Sainpère huma longuement l'air à la fois vif et humide, les yeux fermés.

Mais, très vite, il dut admettre l'évidence : le plaisir qu'il venait de se donner lui-même n'avait servi à rien.

En tout cas, pas à chasser les images obsédantes qui incendiaient son esprit.

*

* *

–Je n'aime pas beaucoup ce que vous me dites, Boris. Pas du tout même. Je me demande si nous ne ferions pas mieux de tout annuler, pour ce soir…

Géraldine Hébert eut l'air consterné de la suggestion que venait de faire Charlie Badolini. Elle se tortillait dans son fauteuil, n'osant pas intervenir, espérant que Boris Corentin, occupant l'autre fauteuil, allait le faire pour elle.

Ce qu'il fit, en effet :

–Monsieur le divisionnaire, ce que je viens de

vous exposer n'est que de la pure spéculation intellectuelle, si je puis dire. Un simple rapprochement de faits qui n'ont probablement rien à voir l'un avec l'autre.

Corentin se maudissait d'avoir eu la langue trop bien pendue. Une minute plus tôt, il avait relaté ce que Géraldine lui avait dit de l'homme qui avait rejoint Sonia Schiele devant la grille de la propriété de Bièvre.

« Une sorte de colosse à face de brute épaisse et qui boitait » : telle avait été sa description, lorsqu'elle avait rejoint Corentin et Brichot à la Brasserie du Palais.

Une description qui correspondait étrangement à celle faite par le jeune lieutenant François Laval, de l'homme soupçonné d'avoir étranglé une jeune prostituée, dans une chambre d'hôtel du quartier des Champs-Elysées.

Boris Corentin, un peu trop scrupuleux en l'occurrence, avait cru devoir signaler à Charlie Badolini le rapprochement qui s'était opéré dans son esprit.

Et voilà que, du coup, le commissaire divisionnaire n'était plus chaud du tout pour que Géraldine Hébert se rende à la soirée « spéciale » de Bièvre comme il l'avait accepté dans un premier temps.

–Monsieur le divisionnaire, reprit Corentin, il faut bien considérer plusieurs choses. D'abord, Géraldine sera en constante liaison avec Mémé et moi, qui nous tiendrons à proximité immédiate de la propriété, prêts à intervenir en cas de danger. Deuxièmement…

Boris Corentin prit une profonde inspiration avant de lâcher ce qu'il considérait comme son meilleur argument – le plus propre en tout cas à faire fléchir son patron.

– Deuxièmement, reprit-il, nous sommes de plus en plus persuadés que si Corinne Joyon s'est introduite dans ces petites soirées, c'est parce qu'elle soupçonnait, d'une manière ou d'une autre, qu'un trafic de drogue y avait lieu. Si c'est effectivement le cas, et si Mademoiselle Hébert est témoin qu'il y a bien mise en circulation de substances illicites, alors nous pouvons intervenir en dehors des heures légales…

Nouveau court silence de Boris Corentin, avant de porter l'estocade :

– Je pense que vous auriez fière allure si vous apportiez à votre homologue des stups non seulement le nom de l'assassin de Corinne Joyon, mais également un réseau mis au jour par vos hommes et non les siens…

Il y eut un long silence, durant lesquels Boris Corentin et Géraldine Hébert retinrent leur souffle.

Puis, au petit sourire malicieux et rêveur qui éclairait progressivement le visage maigre et parcheminé de Charlie Badolini, ils comprirent que c'était gagné.

– Évidemment, ce serait une très bonne chose pour la brigade… murmura le commissaire divisionnaire. Ça clouerait le bec à ceux qui insinuent que nous sommes des tocards inutiles et coûteux…

Le sourire de Charlie Badolini fut remplacé par une mine faussement sévère :

– Mais je ne tolérerai aucune imprudence, sachez-le ! Et j'exige que vous ayez des renforts à votre disposition pour le cas où ça tournerait mal. Je vais régler ça avec le SRPJ de Versailles directement et je vous tiendrai au courant.

Il s'adressa directement à Géraldine :

– Dans combien de temps êtes-vous censée être là-bas, Mademoiselle Hébert ?

– D'ici une heure à peu près, Monsieur le divisionnaire, répondit-elle, en s'efforçant de masquer l'excitation qui s'était emparée d'elle.

– Très bien, ça nous laisse le temps de mettre en place le dispositif, approuva Badolini. Boris, allez régler les détails avec le lieutenant Hébert et revenez ensuite ici.

– On y va, patron, fit Corentin en se levant, tandis que Géraldine devait se retenir pour ne pas battre des mains comme une gamine.

*

*   *

La grille s'ouvrait lentement, régulièrement, avec un sourd ronronnement, régulier et grave.

Géraldine Hébert s'engagea dans l'allée de terre battue, tandis que, dans son dos, le taxi qui l'avait amenée jusqu'à Bièvre faisait demi-tour pour repartir vers Paris.

L'allée sinuait entre de grands arbres de différentes essences : marronniers, chênes, frênes, quelques sapins. Géraldine marchait déjà depuis une minute que la maison était toujours invisible. Décidément, l'ex-catcheuse Yolande Soliveau ne vivait pas dans un taudis...

C'est Aimé Brichot qui s'était occupé de trouver qui habitait à l'adresse indiquée à la fois par Géraldine et par le fabricant de chocolat. Il n'avait pas été long à le faire. Le fait que l'actuelle propriétaire des lieux soit une ancienne catcheuse n'avait fait que renforcer les soupçons des trois policiers.

Avant d'être en vue de la maison, Géraldine Hébert s'arrêta derrière le tronc d'un énorme sapin, dont les branches les plus basses touchaient le sol, et sortit son portable de sa poche, afin d'appeler Boris Corentin, comme il avait été convenu qu'elle devait le faire toutes les demi-heures.

–Grand chef ? C'est moi...

–C'est marrant, je m'en doutais un peu. Tu es où ?

–En train de remonter l'allée qui conduit à la maison. Tu verrais ça, c'est immense et super beau, comme parc.

–On s'en fout, Petit bonhomme, on n'est pas là pour rédiger un guide touristique ! Rappelle-moi dès que tu auras pris un premier contact avec les maîtres du lieu, d'accord ?

–Ça roule, Grand chef ! À plus…

Géraldine coupa la communication et se remit à marcher. Moins de vingt mètres plus loin, après un coude brusque que faisait le chemin, elle découvrit la maison, une grande bâtisse de deux étages, construite en longueur, en petite brique rose, et surmontée d'un toit d'ardoises agrémenté de plusieurs clochetons.

Devant s'étendait une vaste terrasse, légèrement surélevée par rapport au parc.

Au moment où Géraldine grimpait les quatre marches de pierre permettant d'y accéder, la porte principale s'ouvrit et Sonia Schiele apparut.

Elle était vêtue très simplement, d'une jupe verte lui arrivant à mi-cuisse et d'un chemisier noir assez décolleté, mais l'ensemble était parfait d'élégance et de sobriété.

Lorsqu'elle vit apparaître la visiteuse, son beau visage aux traits réguliers s'éclaira d'un sourire, et Géraldine ne put s'empêcher de se dire que si elle avait fait la connaissance de l'Allemande dans d'autres circonstances, elle n'aurait pas forcément résisté à ses avances…

–Géraldine ! je suis bien contente de te voir !

murmura Sonia en la prenant par les épaules, avant de lui plaquer un rapide baiser au coin des lèvres.

La jeune policière nota que l'Allemande était passée au tutoiement, alors qu'elle lui disait vous, la veille. Pour sa part, elle décida d'en rester au vouvoiement...

– Viens, je vais te montrer nos installations, proposa Sonia en passant son bras autour des épaules de Géraldine pour l'entraîner à l'intérieur. Tu vas voir : *ça en jette*, comme on dit chez vous !

– Mais vous vivez toute seule, dans cette immense maison ? demanda Géraldine, feignant la naïveté et l'ignorance.

– Bien sûr que non ! répondit l'Allemande avec un petit sourire. En fait, je ne suis qu'une invitée, ici. Tout à l'heure je te présenterai la maîtresse des lieux. Si tu t'intéresses au catch, tu as dû entendre parler d'elle : Cruella...

Bien tuyautée par Aimé Brichot, Géraldine Hébert savait en effet beaucoup de choses sur l'ex-catcheuse. Elle feignit la surprise, ouvrant de grands yeux ronds :

– Cruella ? Vous voulez dire la magnifique championne des années soixante-dix, La reine de Paris ? C'est elle qui vit ici ? Eh bien, dites donc, je ne savais pas que le catch pouvait rapporter autant de fric !

– Ce n'est pas le catch, c'est son cul, répondit sobrement l'Allemande. Enfin, son cul tel qu'il était à l'époque, parce que maintenant…

Tenant toujours Géraldine par les épaules, elle lui fit traverser le grand hall, en direction de la porte partiellement dissimulée par la courbure du grand escalier de pierre, très élégant.

– On ira présenter nos respects à Yolande un peu plus tard, pour l'instant je…

– Ah ? Elle s'appelle Yolande, en vrai ?

– Tu ne pensais tout de même pas que ses parents l'avaient prénommée Cruella au berceau, je suppose ?

– Non, évidemment…

Une fois au sous-sol, Sonia Schiele se dirigea vers une double porte très large, dont elle ouvrit l'un des battants. Puis, avec le geste théâtral d'un présentateur de spectacle :

– Et maintenant, regarde un peu ça !

Au moment où Géraldine s'encadrait dans la porte ouverte, Sonia abaissa un levier situé dans une boîte métallique fixée au mur de ciment brut.

Une trentaine de projecteurs s'allumèrent en même temps, illuminant une vaste salle au milieu de laquelle trônait un ring, entouré de plusieurs rangées de sièges et de fauteuils.

– Waoh ! fit Géraldine, réellement impressionnée par ce qu'elle découvrait.

– Ça en jette, hein ? fit Sonia, qui semblait décidément bien aimer cette expression. Viens, je vais te montrer autre chose, maintenant…

Elle prit Géraldine par le bras, après avoir éteint les projecteurs, et l'entraîna à l'autre bout du long couloir éclairé par des néons, vers une porte de dimensions plus normales, qu'elle ouvrit.

–Regarde un peu ça…

Géraldine Hébert découvrit une pièce quasiment vide, aux murs, sol et plafond recouverts de plaques métalliques légèrement brillantes, et dont tout un côté était occupé par un système compliqué de tuyauteries de différentes tailles, de cadrans, de thermostats.

En inspectant mieux, elle découvrit l'existence d'une grosse cuve circulaire, enfoncée dans le sol, d'environ un mètre cinquante de profondeur. Elle était munie d'une petite échelle métallique verticale, fixée à sa paroi, sans doute pour permettre d'aller en nettoyer le fond.

–À quoi ça sert ? demanda Géraldine Hébert, qui avait déjà sa petite idée sur cette question.

–À faire fondre le chocolat dans lequel tu vas te rouler tout à l'heure, pour le plus grand plaisir de nos invités, murmura Sonia à son oreille, en l'enlaçant brusquement par-derrière et plaquant son corps nerveux contre le sien.

Dans un premier temps, Géraldine fut tellement saisie par l'idée qui venait de s'imposer à son esprit, qu'elle resta totalement passive face à la manœuvre de séduction tentée par l'Allemande.

En regardant la cuve vide, elle venait de réaliser

que c'était très certainement là que Corinne Joyon avait trouvé la mort, noyée dans le chocolat.

Quand elle retrouva ses esprits, Sonia Schiele était déjà en train de dévorer son cou de baisers, tout en malaxant ses seins avec une sorte de hâte fébrile.

Surprise, Géraldine se dégagea de son étreinte, plus vivement qu'elle ne l'aurait voulu.

Aussitôt, le visage de l'Allemande se ferma et ses yeux clairs devinrent d'une fixité alarmante.

– Je ne te plais pas, c'est ça ? dit-elle d'une voix sifflante. Tu t'es foutue de moi, hier, hein ?

Géraldine sentit qu'il lui fallait absolument amadouer l'Allemande, et le faire très vite. Quitte à payer franchement de sa personne…

Elle fit un pas vers elle, prit son visage entre ses mains et plaqua sa bouche sur celle de Sonia. Celle-ci entrouvrit aussitôt les lèvres et leurs langues se mêlèrent en un long baiser, sensuel, presque romantique.

Pour faire bonne mesure, sans perdre une once de sa lucidité, Géraldine s'était mise à lui caresser le dos, descendant jusqu'à la masse ferme et ronde de sa croupe.

Enfin, estimant que ça suffisait comme ça, elle mit fin au baiser et s'écarta légèrement. Sonia Schiele était rouge et avait le souffle plus court.

Géraldine se composa un petit sourire gêné et murmura, d'une voix caressante :

– Vous me plaisez énormément et j'ai très envie

de me retrouver seule avec vous… Je n'arrête pas d'y penser, depuis hier… Mais j'ai besoin d'être totalement détendue, disponible, pour me laisser complètement aller, avec une femme… Et, là, quand je pense à ce qui m'attend, sur le ring, ça me rend trop nerveuse pour… Enfin, vous me comprenez…

Son petit numéro passa comme une lettre à la poste. Avec un petit sourire supérieur, Sonia la prit par les épaules et l'entraîna hors de la pièce.

– Tu as raison, murmura-t-elle près de son oreille, c'est moi qui suis trop impulsive. Mais c'est de ta faute aussi : tu me rends folle, avec ta mignonne petite fossette ! Si tu veux, on tâchera de s'isoler, rien que toi et moi, après ton combat. Je pense que ça devrait être jouable.

Géraldine Hébert approuva chaleureusement le projet. D'autant plus qu'elle voyait là un bon moyen d'échapper sans éveiller les soupçons à l'orgie qui était prévue.

Car, pour le moment, tout en étant fermement décidée à s'y soustraire, elle n'avait pas encore trouvé le moyen pour y parvenir.

Ce qui commençait, à mesure que l'échéance se rapprochait, à devenir assez angoissant.

*

* *

Boris Corentin descendit de la voiture avec une grimace satisfaite et rejoignit Aimé Brichot, qui l'attendait à l'abri d'une petite cabane de bois, visiblement abandonnée, en retrait de la route de quelques mètres.

– Alors ? fit ce dernier, en remontant machinalement ses lunettes sur son nez busqué.

– C'est bon, tout le dispositif est en place, répondit Boris Corentin. Il y a trois possibilités pour pénétrer dans la propriété, et elles sont toutes les trois sous surveillance très discrète. Et de ton côté ?

– Les invités arrivent les uns à la suite des autres, répondit Brichot, qui était posté à une centaine de mètres de l'entrée principale. Du beau linge, apparemment, si j'en juge d'après les bagnoles que je vois franchir la grille. Tu as eu des nouvelles fraîches de Géraldine ?

– Non, d'ailleurs, je…

Au même moment, son téléphone portable se mit à vibrer dans sa poche. Quelques minutes plus tôt, il avait bien recommandé à tous les membres du dispositif policier – moitié de la Brigade mondaine, moitié du SRPJ de Versailles, pour ne pas faire de jaloux… – d'éteindre les sonneries de leurs mobiles et de passer en mode vibreur, dans un évident souci de discrétion. Il ne fallait rien négliger.

Boris Corentin prit la communication, c'était effectivement Géraldine Hébert.

– Alors, comment ça se passe, Petit bonhomme ?

–À part que j'ai failli, à peine arrivée, me faire violer par une Teutonne en chaleur, tout va comme sur des roulettes, Grand chef !

–Depuis quand tu as peur de te faire violer par des Allemandes entreprenantes ? fit Boris sur un ton badin, car il percevait une certaine tension dans la voix de sa coéquipière préférée.

–Depuis que je suis amoureuse, figure-toi ! Quand je suis amoureuse, je suis fidèle, *moi* !

–Mais quand c'est en service commandé, c'est pas tromper… plaisanta Boris.

–C'est ce que j'essaie de me dire, figure-toi, Grand chef ! Mais ça ne marche pas terrible…

–Bon, la situation évolue comment, à part ça ?

–Elle évolue comme prévu, répondit Géraldine. Les choses sérieuses vont commencer, puisque les deux premières catcheuses viennent de quitter le vestiaire pour rejoindre le ring. Elles, elles font un vrai combat, pour chauffer la salle. Et, après, on répand sur le ring le chocolat qui est en train de fondre doucement dans la pièce à côté, et c'est à ton Petit bonhomme d'entrer en piste…

–Ça va, tu te sens comment ? voulut savoir Boris Corentin.

–Comme le jour où j'ai passé le concours d'entrée pour l'école de police, répondit Géraldine : j'ai les genoux qui tremblent et je me demande ce que je fous là…

–Ça va aller, Petit bonhomme, j'en suis certain.

Tu nous rappelles dans une demi-heure si tout va bien et avant s'il y a le moindre truc pas normal. Et, surtout, tu ne prends aucune initiative seule, c'est bien compris ? C'est un ordre, lieutenant Hébert !

–Bien reçu, chef ! Bon, faut que je te laisse pour aller prendre un peu l'ambiance de la salle. Embrasse Mémé pour moi et garde-toi un bec au passage…

Boris Corentin coupa la communication et transmit (en parole…) le baiser de Géraldine à Aimé Brichot, qui eut l'air d'en être ému.

–J'espère que tout va bien se passer, murmura-t-il. Ça ne me plaît qu'à moitié de la savoir toute seule au milieu de cette bande de tarés…

–Ne t'inquiète pas, Mémé, le rassura Corentin, Géraldine est une grande fille et il ne lui arrivera rien du tout.

Mais, tout au fond de lui, il devait bien s'avouer qu'il n'en était pas si certain que cela.

*

* *

La sueur des combattantes, la fumée des cigares et des cigarettes, les parfums dont les femmes s'étaient aspergées : tout cela formait une odeur entêtante, unique, lourde, écœurante, presque palpable tant elle était épaisse.

L'odeur caractéristique que connaissaient et aimaient tous les familiers du ring.

La même qui, deux jours plus tôt, au palais des sports Marcel-Cerdan de Levallois-Perret, avait manqué faire vomir Géraldine Hébert.

Mais, aujourd'hui, la jeune femme se sentait bien. D'abord parce qu'il faisait beaucoup moins chaud ici qu'à Levallois, vu que la salle était loin d'être pleine : une vingtaine de personnes, tout au plus, dont cinq ou six femmes, la plupart entre 40 et 60 ans, estimait Géraldine, depuis le coin plus sombre d'où elle observait la situation.

Environ une heure plus tôt, Sonia Schiele était venue la chercher au vestiaire afin de la conduire jusqu'à la chambre de la maîtresse de maison.

Géraldine avait éprouvé un vrai choc en découvrant cette espèce de monstrueuse baleine humaine, affalée sur son lit, en train de se bourrer de sucreries et de gâteaux.

Elle avait ressenti un fort sentiment de pitié pour cette femme qui, jeune, avait été si belle, si adulée des hommes.

D'autant que Yolande Soliveau s'était montrée tout à fait gentille avec elle, voulant savoir depuis quand elle s'intéressait au catch, si elle voulait y faire carrière, etc.

Toutes questions dont Géraldine Hébert avait soigneusement répété les réponses à l'avance, « coachée » par Boris Corentin et Aimé Brichot…

À présent, Yolande Soliveau était installée en face du ring, sur l'espèce de trône à roulettes construit exprès pour elle, que ses jambes ne portaient plus qu'à peine.

À sa droite, le corps droit, le visage totalement impassible, se tenait le boiteux à stature de colosse et à face de brute que Géraldine avait vu aborder Sonia Schiele près de la grille de la propriété, la veille.

Quant à l'Allemande, elle était pour l'instant invisible, ce qui surprenait un peu Géraldine.

Sur le ring, après un début de combat réel – si tant est que le catch pouvait avoir quelque chose de réel –, les deux combattantes étaient passées à une phase nettement moins sportive et beaucoup plus érotique de leur show.

Elles ne faisaient même plus semblant de s'affronter, se contentant de rouler l'une sur l'autre, de préférence tête-bêche, chacune s'efforçant de coincer la tête de l'autre entre ses cuisses musculeuses, comme pour plaquer son visage contre son intimité.

Comme par hasard, la plus sculpturale des deux filles, une blonde d'au moins un mètre quatre-vingts, avait « perdu » son soutien-gorge pailleté depuis déjà un petit moment, et sa lourde poitrine, aux mamelons maquillés de rouge vif, ballottait à l'air libre au moindre de ses mouvements.

Mais, depuis quelques minutes, comme l'avait repéré Géraldine, le véritable spectacle avait cessé d'être sur le ring pour se transporter dans l'assistance.

Depuis le début, tout ce petit monde, aux allures de gens ultra-friqués, s'envoyait force rasades d'alcools divers, qui commençaient à produire leurs effets désinhibiteurs sur la libido de ces messieurs-dames.

De son poste d'observation, Géraldine pouvait voir une blonde à chignon, en robe longue superbe, penchée sur son voisin et avalant goulûment la verge dure qui jaillissait de son pantalon ouvert.

Un peu plus loin, un homme assez beau avait empoigné une brune un peu trop grasse par les hanches et la pénétrait avec une certaine nonchalance. Tandis qu'un homme aux cheveux grisonnants observait la scène en se masturbant tranquillement, entre deux doigts.

Géraldine Hébert se dit que si on en était déjà à ce stade de « libération », alors que le premier match n'était même pas encore terminé, la suite risquait d'être franchement hard. Et elle se demandait comment elle allait faire pour échapper aux convoitises de toutes ces bêtes lubriques.

C'est alors que Sonia Schiele fit son entrée. Et que Géraldine comprit qu'elle n'était pas venue pour rien, que les choses sérieuses allaient commencer.

Peut-être même qu'elle allait pouvoir, en fin de compte, échapper au bain de chocolat.

Dommage, en un sens…

L'Allemande portait sur un plateau une sorte de grosse coupe en argent, qu'elle déposa précautionneusement sur une petite table en marqueterie. D'où elle se trouvait, Géraldine ne pouvait pas voir ce que contenait ce récipient. Mais ce n'était pas très difficile de le deviner.

En raison de la dizaine de petites pailles d'argent, du miroir et de la lame de rasoir qui se trouvaient également sur le plateau, au pied de la coupe.

Celle-ci devait être pleine à ras bord de cocaïne. Géraldine estima qu'il devait y en avoir plusieurs centaines de grammes, c'est-à-dire pour une petite fortune.

Sur le ring, le match était en train de se terminer. La deuxième fille s'était arrangée pour perdre à son tour son soutien-gorge et elle était en train d'arracher son mini-slip à la blonde sculpturale, dévoilant à tous les spectateurs un sexe parfaitement lisse, aux lèvres épaisses et rose vif.

Pendant ce temps, tranquillement, avec son miroir et sa lame de rasoir, Sonia Schiele finissait de préparer ses lignes de coke. Quand ce fut fait, elle se mit à circuler parmi les invités de la soirée, proposant la drogue à qui en voulait, avec la placidité inentamable d'une vendeuse d'esquimaux et de bonbons, dans les cinémas de jadis.

Soudain, Géraldine Hébert qui ne perdait rien de ses mouvements, repéra quelque chose d'encore plus intéressant. Parvenue devant un homme entièrement chauve d'une cinquantaine d'années, Sonia se plaça de manière à ce que son dos fasse écran entre le chauve et l'endroit où se tenaient Yolande Soliveau et le colosse boiteux.

Puis, très discrètement, elle sortit de sa poche un assez gros sachet de plastique, empli de poudre blanche qu'elle glissa dans la main de son vis-à-vis. En échange, avec la même discrétion, le chauve lui remit une liasse de billets, qui avait l'air assez épaisse. Pour Géraldine, la conclusion était claire.

Non seulement on consommait de la drogue ici, mais on se livrait également à son trafic, ce qui était plus grave. Et surtout beaucoup plus intéressant.

Il était temps d'agir.

Géraldine se dit qu'elle avait le temps de passer un coup de fil à Corentin avant que ce soit à son tour de grimper sur le ring et elle s'éclipsa en direction du vestiaire.

Sauf que, au vestiaire, se trouvaient déjà les deux combattantes qui venaient de quitter le ring. Contrariée, Géraldine était prête à quitter la cave pour aller téléphoner en toute discrétion à l'extérieur.

C'est alors qu'une délicieuse odeur de chocolat chaud vint titiller ses narines et, en même temps, faire naître une idée dans son esprit.

Plus simple que de remonter au rez-de-chaussée, elle n'avait qu'à aller passer son coup de fil depuis la salle où se trouvait la cuve enterrée.

Ce qu'elle fit aussitôt, entrouvrant la porte avec prudence. Coup de chance, la pièce était vide.

Elle vit que la cuve était pleine aux quatre-cinquièmes d'un chocolat crémeux, onctueux, moussant et très légèrement fumant.

Celui-là même dans lequel elle serait censée se rouler dans quelques minutes...

Géraldine sortit son téléphone de sa poche et enfonça la touche correspondant au numéro de Boris Corentin. Dans la mesure où il fallait encore qu'elle se mette en tenue, elle ne disposait que de peu de temps.

– Boris ? c'est moi, Grand chef... Non, attends, laisse-moi parler, je n'ai pas trop de temps, là. Je t'appelle de la pièce où ils font fondre le chocolat. Bon, voilà : non seulement les invités se foutent de la coke plein les naseaux, mais en plus l'Allemande fait de la revente en semi-gros. Je pense que vous...

Sa phrase s'interrompit sur un cri, à la fois de surprise et de douleur.

Une main de fer venait de saisir son poignet pour le tordre vers l'arrière, tandis qu'une autre lui arrachait son téléphone et le balançait direct dans la cuve à chocolat.

Son agresseur la retourna brutalement, de manière à ce qu'elle lui fît face. Géraldine reconnut Marceau Sainpère, le boiteux à face de brute, et un frisson désagréable lui parcourut la colonne vertébrale.

En même temps, son cerveau tournait à plein régime et avec lucidité.

« Boris a enregistré ce que je lui ai dit, il sait qu'il peut intervenir légalement, songea-t-elle très vite. De plus, il m'a forcément entendue crier et la communication s'interrompre brusquement. Donc, il va rappliquer pour me tirer de là. Il faut gagner du temps à tout prix… »

Malgré la trouille qui lui nouait le ventre, elle réussit à se composer un air indigné, face au colosse :

–Non, mais ça va pas la tête ? Qu'est-ce qui vous prend ? C'est interdit de s'isoler pour téléphoner dans cette baraque ? Et pourquoi vous avez balancé mon portable dans la cuve, d'abord ? Vous savez le prix que ça coûte, ces saloperies ? Je vous préviens que vous avez intérêt à me le repayer, sinon va y avoir du grabuge et du sévère !

Il fallait qu'elle parle, qu'elle parle encore. Afin d'essayer de désarmer le colosse, mais surtout pour gagner du temps, grappiller les minutes…

Géraldine allait continuer, lorsqu'elle s'avisa d'une chose nouvelle.

Et effrayante.

Le regard du colosse. Il avait changé. D'impassible et éteint qu'il était jusqu'à présent, il venait de s'animer. Et la lueur qui crépitait dans ses prunelles était tout sauf rassurante.

C'était un mélange de lubricité et de sauvagerie.

Soudain, Géraldine eut l'impression que la montagne de muscles qui se trouvait en face d'elle ne se possédait plus.

Qu'une force étrangère avait pris possession de son cerveau et le contrôlait totalement.

Elle voulut contourner le colosse pour tenter une sortie. Trop tard. Avant même d'avoir compris ce qui lui arrivait, Géraldine se sentit soulevée dans les airs par une force irrésistible et projetée en avant.

Elle ouvrit la bouche pour hurler, tenter d'alerter quelqu'un, n'importe qui. Mais aucun son ne sortit de sa bouche.

Pour la bonne raison qu'elle venait d'atterrir dans la cuve pleine de chocolat, la tête la première.

Elle se débattit dans cette matière lourde, poisseuse et tiède, se contorsionnant pour se remettre sur ses pieds et sortir la tête de cette mélasse.

Elle y parvenait enfin lorsqu'elle sentit deux énormes mains l'attraper par le cou et lui maintenir la tête sous le chocolat avec une force irrésistible.

Une panique incoercible l'envahit. Le colosse avait décidé de la tuer, et rien ne pourrait l'en empêcher.

Elle allait mourir noyée dans le chocolat.

Elle allait mourir comme Corinne Joyon avant elle.

*

* *

–Bon sang, mais où est-ce qu'elle peut être? gronda Aimé Brichot, en déboulant dans le couloir qui traversait tout le sous-sol d'un bout à l'autre de la grande maison.

–On se fie à l'odeur, Mémé! répondit Boris Corentin, devant lui, son arme de service au poing.

Dès qu'il avait entendu le cri de Géraldine et l'interruption de leur communication, Corentin avait fait donner l'assaut, par toutes les issues en même temps.

Comme toutes les personnes présentes étaient massées dans la grande salle du ring, les policiers n'avaient pas eu grand mal à se rendre maîtres de la situation.

Ils étaient tous là, sauf Géraldine Hébert et Marceau Sainpère, dit le Boiteux.

–Elle m'a dit qu'elle appelait de la pièce où ils fondaient le chocolat: ça ne peut pas être loin du ring, forcément, avait décrété Boris Corentin, avant de quitter la grande salle, Aimé Brichot sur ses talons.

Il s'arrêta devant une porte fermée, respira profondément, les yeux mi-clos, avant de déclarer:

–C'est là!

D'une brusque détente, il envoya son pied dans la porte, dont le montant s'ouvrit avec fracas sous le choc. Dans le même temps, Corentin jaillit dans la pièce, son revolver au bout de ses deux bras tendus.

Ce qu'il vit le décontenança durant une fraction

de seconde. Un colosse était agenouillé au bord d'une cuve enterrée, les deux avant-bras plongés dans le chocolat.

– Police ! cria Boris Corentin. Ne faites plus un mouvement où je tire !

Au lieu de lui obéir, Marceau Sainpère se redressa et bondit sur ses pieds avec une agilité surprenante.

Au même moment, Corentin et Brichot virent une forme humaine jaillir des profondeurs de la cuve.

C'était Géraldine Hébert, au bord de l'asphyxie, recouverte de chocolat épais et brun, qui la rendait méconnaissable, presque effrayante.

Marceau Sainpère recula jusqu'au mur du fond. Là, avec une force incroyable, il arracha un morceau d'une épaisse tuyauterie, sans effort apparent.

– Lâchez ça immédiatement, vous êtes en état d'arrestation ! cria Corentin, tandis que Brichot se précipitait vers la cuve pour aider Géraldine à en sortir.

Mais Boris comprit que le colosse, possédé par on ne savait quelle fureur, ne s'arrêterait pas. Il était comme un automate programmé pour tuer.

De fait, son morceau du tuyau bien en main, comme une masse, le colosse chargea.

Posément, Corentin leva son arme, visa et tira.

La balle alla se ficher dans le poignet de Marceau Sainpère qui lâcha son arme improvisée et tomba à genou, contemplant sa main mutilée et pissant le sang.

Mais, comme si la douleur ne lui faisait rien, il se releva et marcha de nouveau vers Corentin. Lequel se dit qu'il ne pouvait tout de même pas tuer cet homme de sang froid. Mais que faire ? L'affronter à mains nues ?

Il n'eut pas à résoudre son dilemme.

Avec une rapidité dont on ne l'aurait pas crue capable après ce qu'elle venait d'endurer, Géraldine, toujours enduite de la tête aux pieds, ramassa le bout de tuyauterie, fonça droit devant elle et, avec un cri de rage, l'abattit de toutes ses forces sur la nuque épaisse de Marceau Sainpère.

Lequel s'immobilisa, resta un moment debout, comme s'il ne comprenait pas ce qui lui arrivait, avant de s'écrouler comme une masse, sans un cri.

C'est alors qu'on entendit la voix de Géraldine Hébert, encore peu assurée :

–Dites, les garçons, je suppose que l'un de vous d'eux a pensé à m'apporter des fringues de rechange ?

Chapitre XIII

–Et voilà ! Rapport bouclé… rapport bouclé ! s'exclama joyeusement Géraldine Hébert, en cliquant sur la touche « imprimer » de son iMac tout neuf. Et vous, les garçons, vous en êtes où ?

Boris Corentin et Aimé Brichot la regardèrent avec le même petit sourire suffisant.

–Nous, ça fait bien une heure qu'on a « bouclé », comme vous dites, et qu'on attend patiemment que vous ayez terminé, répondit Brichot.

–D'autant que, maintenant, on va bien perdre encore une demi-heure à corriger ses fautes, ajouta Corentin, pour faire bon poids : les jeunes d'aujourd'hui ont une orthographe déplorable, c'est bien connu !

–Oh ! dites, ça va, hein ! rigola Géraldine, pas du tout froissée. D'abord, c'est même pas vrai, que je fais des fautes, je vous ferai dire !

–« C'est même pas vrai que je fais des fautes, je vous ferai dire »… soupira comiquement Aimé Brichot. Eh bien ! si tout votre rapport est dans ce style, c'est la nuit qu'on va y passer, je vous le dis !

Cela faisait quarante-huit heures que Corentin et Brichot avaient sauvé Géraldine Hébert de la noyade dans la cuve de chocolat. Pour eux, l'affaire était terminée.

Pour eux, mais pas pour la brigade des stupéfiants, qui avait repris le dossier. Non sans que Charlie Badolini eût reçu les félicitations officielles, pour lui et ses hommes, non seulement du directeur de la PJ mais du ministre en personne.

Pour ce qui était des différents protagonistes, leur cas était maintenant entre les mains du juge d'instruction chargé d'instruire le dossier.

Marceau Sainpère n'avait fait aucune difficulté pour avouer son double meurtre, celui de Corinne Joyon d'une part, celui de la prostituée Jessica Malfine d'autre part. Durant son premier interrogatoire, les policiers avaient même eu l'étrange impression que l'ancien catcheur se sentait soulagé de se retrouver sous les verrous.

Sonia Schiele était entre les mains des stups qui, grâce à elle et à ses aveux et témoignages, espéraient pouvoir démanteler tout le réseau dont elle faisait partie.

Elle non plus n'avait pas fait trop de difficultés à reconnaître les faits. Elle devait estimer que, plus elle collaborerait avec la police, plus sa peine serait légère. Ce en quoi elle n'avait pas forcément tort…

Le cas le plus douloureux, le plus triste, était encore celui de Yolande Soliveau. Certes, Marceau Sainpère faisait tout ce qu'il pouvait pour l'innocenter de tout. Certes encore, les petites orgies qu'elle organisait chez elle ne tombaient pas sous le coup de la loi puisqu'elles ne concernaient que des adultes consentants et avaient lieu dans un endroit privé. Seulement, l'ex-catcheuse allait avoir du mal à faire croire qu'elle ne voyait rien des trafics de cocaïne qui se déroulaient sous ses yeux...

–Dites donc, les garçons, fit soudain Géraldine, debout près de l'imprimante. Je vous signale qu'il est déjà huit heures et demie : on pourrait peut-être aller se manger un petit morceau pour fêter ça, non ?

–Ma foi, pourquoi pas ? répondit Aimé Brichot, qui se sentait pour une fois moins casanier et « popote » que d'habitude.

À leur grande surprise, à Géraldine et lui, ce fut Boris Corentin qui déclina :

–Vous êtes gentils, mais pas ce soir en ce qui me concerne : je suis crevé et je n'ai qu'une envie, c'est de retrouver mon lit et d'y passer douze heures d'affilée.

–C'est vrai que tu as le teint un peu plombé, Grand chef, observa Géraldine, avec une tendre sollicitude. Tu ne nous couves pas quelque chose, au moins ?

–Non, non, ça va, Petit bonhomme, j'ai juste besoin de dormir, c'est tout.

– Ah ! dis donc, ça devient pas drôle de bosser avec des pré-retraités dans votre genre ! conclut Géraldine, en les regardant tous les deux avec beaucoup de tendresse dans ses magnifiques yeux verts.

Une demi-heure plus tard, Boris Corentin finissait de gravir l'escalier conduisant à son studio de la rue de Turbigo, lorsqu'il lui sembla entendre de curieux soupirs. D'abord, il ne parvint pas à réaliser de quel endroit précis ils venaient. Puis il comprit que c'était de chez lui.

Il ouvrit la porte et découvrit un surprenant tableau.

Alors qu'il s'attendait logiquement à trouver son studio vide, il s'y trouvait deux femmes.

La première était Sidonie, la jolie préparatrice en pharmacie qui lui avait posé un lapin deux jours plus tôt.

Et la seconde n'était autre que la catcheuse Vanessa-la-dingue.

Mais le plus étonnant, c'est que les deux filles n'étaient pas en train de faire connaissance. Enfin, si, d'une certaine manière, mais pas par le biais d'une anodine conversation.

Sidonie était allongée en travers du lit, entièrement nue, les genoux écartés, tandis que Vanessa, agenouillée par terre, lui léchait l'intimité avec une belle ardeur.

D'où les soupirs entendus par Boris depuis l'escalier.

–Je vois que ce n'est plus la peine de faire les présentations, nota-t-il très calmement, en refermant soigneusement la porte derrière lui.

Sidonie tourna la tête et lui sourit, apparemment pas gênée le moins du monde de la situation où il les surprenait.

Quant à Vanessa, elle lui fit un petit signe de la main, mais sans cesser d'agacer du bout de la langue le clitoris dardé de sa nouvelle « copine ».

–Tu ne viens pas nous rejoindre ? demanda doucement Sidonie, d'une voix chavirée. Tu sais, ce qu'on fait là, c'était juste en t'attendant…

Et, soudain, Boris Corentin s'avisa avec plaisir que sa fatigue avait complètement disparu.

LE DERNIER SAS EST PARU...

PARU EN AVRIL 2007

POLONIUM 210

INTÉGRALE

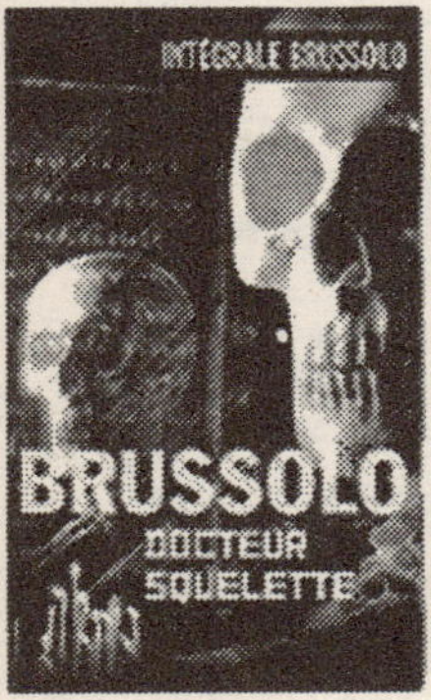

BRUSSOLO

PRIX TTC : 8 €

Achevé d'imprimer sur les presses de

BUSSIÈRE

GROUPE CPI

à Saint-Amand-Montrond (Cher)
en avril 2007

VAUVENARGUES - 14, rue Léonce Reynaud - 75116 Paris
Tél. : 01-40-70-95-57

— N° d'imp. 70663. —
Dépôt légal : mai 2007.

Imprimé en France